Windows 10

optimal nutzen

WOLFRAM GIESEKE

ISBN 978-3-945384-62-6

© 2015 by Markt+Technik Verlag GmbH
    Espenpark 1a
    90559 Burgthann

Produktmanagement Christian Braun, Burkhardt Lühr
Herstellung Jutta Brunemann
Einbandgestaltung David Haberkamp
Satz Thorsten Schlosser, Kreuztal (www.buchsetzer.de)
Druck Media-Print, Paderborn
Printed in Germany

Inhaltsverzeichnis

6. Spannende Apps aus dem Store laden 105

7. Mehr Sicherheit – PC und Daten schützen 119

1. Mit Startmenü und Einstellungen schnell ans Ziel

Mit Windows 10 versucht Microsoft, die perfekte Synthese aus den Vorgängerversionen 7 und 8 hinzubekommen: Tablet-Nutzer sollen alles bequem per Touch bedienen können, gleichzeitig sollen sich Maus- und Tastaturbediener am klassischen Desktop-PC genauso wohlfühlen. Deshalb gibt es wieder ein echtes Startmenü, aber ebenso eine visuelle Startseite. Und beide Gruppen profitieren von neuen Möglichkeiten, Anwendungen auf mehrere (auch virtuelle) Bildschirme zu verteilen und komfortabel dazwischen zu wechseln.

Im Startmenü alle Apps und Einstellungen schnell finden

Das Startmenü funktioniert im Prinzip so, wie man es von früheren Windows-Versionen kennt:

1 Wenn Sie es mit einem Klick (oder Fingertipp) auf das Windows-Symbol unten links in der Taskleiste öffnen, zeigt es oben eine Liste der meistverwendeten Programme. Diese Liste wird von Windows automatisch erstellt und laufend aktualisiert.

2 Darunter sehen Sie einige feste Einträge:

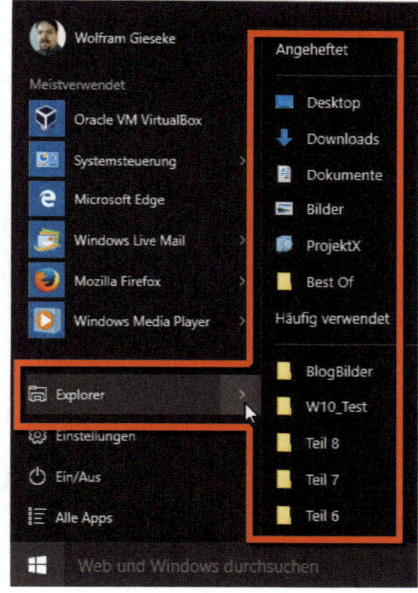

- Mit einem Klick auf *Explorer* starten Sie den Windows-Explorer. Sie können aber auch rechts daneben auf das kleine Pfeilsymbol tippen. Damit öffnen Sie eine Liste der Schnellzugriffe des Windows-Explorer.

- *Einstellungen* ist eine Abkürzung in die touchoptimierten PC-Einstellungen (nicht die klassische Systemsteuerung!).

- Mit *Ein/Aus* öffnen Sie ein kleines Untermenü, in dem Sie den PC in den Energiesparmodus versetzen, herunterfahren oder neu starten können.

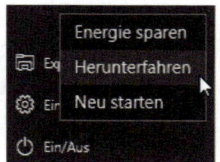

Weitere Ordner im Startmenü verankern

Wenn Sie möchten, können Sie im Startmenü bestimmte Ordner dauerhaft anzeigen lassen, wie etwa *Bilder, Musik* oder das *Netzwerk.* Öffnen Sie hierzu in den Einstellungen den Bereich *Personalisierung/ Start* und klicken Sie rechts auf *Ordner auswählen, die im Menü „Start" angezeigt werden.* Schalten Sie im anschließenden Menü die Ordner ein, die Sie direkt im Startmenü vorfinden möchten.

3 Ganz unten schließlich können Sie mit *Alle Apps* eine Liste aller Apps (sowohl Desktop-Anwendungen als auch Touch-Apps) abrufen.

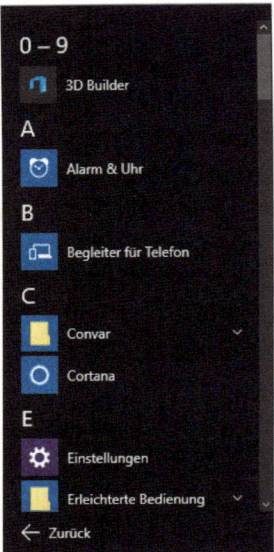

Die Größe des Startmenüs anpassen

Der „Rahmen" des Startmenüs kann wie ein Fensterrahmen vergrößert und verkleinert werden. So können Sie nicht nur die Größe, sondern auch die Form an Ihre Vorlieben anpassen. Der Inhalt passt sich automatisch an bzw. es wird automatisch eine Laufleiste angezeigt, wenn die Fläche nicht für den gesamten Inhalt ausreicht.

Jede Anwendung ganz schnell finden

Wenn Ihnen das Suchen nach einer bestimmten Anwendung in der Liste oder auf der Startseite zu umständlich ist, verwenden Sie einfach das Eingabefeld ganz unten im Startmenü:

1 Tippen Sie auf das Windows-Symbol unten links, damit das Startmenü angezeigt wird.

2 Tippen Sie nun einfach direkt den Namen des gesuchten Programms ein. In der Regel brauchen Sie nur wenige Buchstaben des Namens einzutippen. Es reicht auch ein wesentlicher Bestandteil des Namens, beispielsweise „Mail".

3 Das Startmenü listet dann alle relevanten Treffer zu diesem Begriff aus verschiedenen Bereichen auf.

Dazu gehören:

- auf dem PC installierte Anwendungen und Apps,
- Einstellungen,
- Apps im Store,
- vielversprechende Websuchbegriffe.

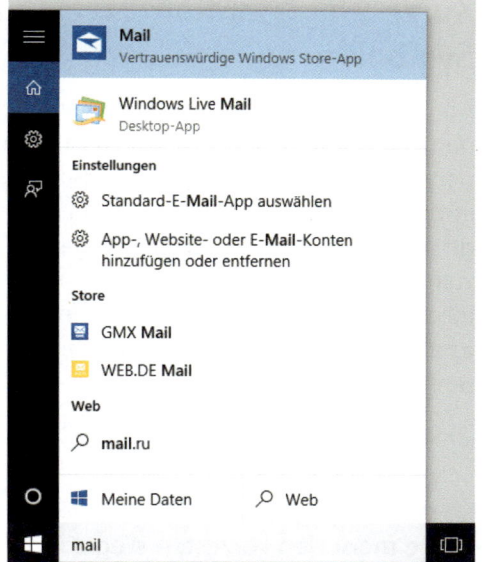

4 Da installierte Anwendungen die höchste Priorität haben, werden sie oben in der Liste angezeigt. Das am besten passende Programm findet sich ganz oben als farbig unterlegter Eintrag. Um diese Anwendung oder App zu starten, brauchen Sie einfach nur ⏎ zu drücken.

5 Sollte die gesuchte App weiter unten stehen, verwenden Sie ⬇, um deren Eintrag anzusteuern, und drücken dann ⏎.

Was sich auf den ersten Blick vielleicht etwas umständlich liest, ist in Wirklichkeit ein ganz simpler Vorgang, an den man sich für einige Standardanwendungen schnell gewöhnt, gerade weil man dafür nicht mal zur Maus greifen muss:

1 ⊞ drücken.

2 Einen wesentlichen Teil des Namens tippen, etwa „Mail".

3 ⏎ drücken.

Kurze Wege im Kontextmenü des Windows-Symbols

Auf den ersten Blick übersieht man leicht, dass das Windows-Symbol ganz links in der Taskleiste nicht nur ein hübsches Symbol zum Anzeigen des Startmenüs ist. Ein Rechtsklick darauf öffnet ein Kontextmenü, in dem Sie einige praktische Einträge finden, mit denen sich die Wege zu häufig genutzten Funktionen abkürzen lassen. Alternativ können Sie es aber auch jederzeit mit dem Tastenkürzel ⊞+Ⓧ öffnen.

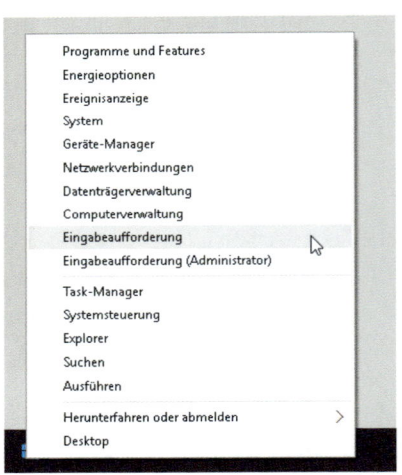

- Sehr hilfreich sind die Einträge *Eingabeaufforderung* bzw. *Eingabeaufforderung (Administrator)*, da sie meist den kürzesten Weg zu dieser Funktion bieten.

- Praktisch ist auch das kleine *Herunterfahren oder abmelden*-Menü.

Cortana versteht Sie aufs Wort

Schon länger geheimnisvoll angekündigt, erblickt gemeinsam mit Windows 10 die Sprachassistentin Cortana das Licht der IT-Welt. Das Prinzip ist von der Google-Sprachsuche oder der iPhone-Assistentin Siri vielleicht schon bekannt: Cortana kann menschliche Sprache interpretieren und verstehen. Man kann also eine Anweisung einfach aussprechen, anstatt die entsprechenden Aktionen selbst umständlich ausführen zu müssen.

Auch wenn Cortana nur eine „künstliche Persönlichkeit" ist, sollte man sich etwas Zeit nehmen, um sie kennenzulernen. Dazu wird einmalig ein Begrüßungsprozess durchlaufen, bei dem Sie Cortana zugleich nach Ihren Wünschen einstellen können.

Cortana nur mit Microsoft-Konto

Damit es nicht am Ende des Einrichtungsvorgangs eine Enttäuschung gibt: Cortana lässt sich nur in Kombination mit einem Microsoft-Konto nutzen. Wenn Sie sich bei Windows ohnehin mit einem Microsoft-Konto anmelden, kein Problem. Sollten Sie grundsätzlich nur mit einem lokalen Benutzerkonto arbeiten wollen und Bedenken gegen die Cloud-Funktionen von Windows haben, ist Cortana eher nichts für Sie.

1 Wenn Sie mit der Maus auf das Eingabefeld rechts neben dem Windows-Symbol

klicken, wird Cortana automatisch aktiv und stellt sich kurz vor.

2 Warten Sie gegebenenfalls kurz ab, bis Sie unten rechts *Weiter* anklicken können.

3 Nun müssen Sie zustimmen, dass Cortana verschiedene Arten von Informationen erfassen und auswerten darf, etwa Ihre Position, den Browser- und Suchverlauf, Ihren Kalender etc. Sie können das an dieser Stelle nur pauschal mit *Ich stimme zu* genehmigen. Später können Sie in den Einstellungen auch einige Dinge wieder deaktivieren.

4 Anschließend teilen Sie der Assistentin mit, mit welchem Namen Sie angesprochen werden möchten. Das macht die Kommunikation einfach etwas persönlicher. Tippen Sie den Namen ein und klicken Sie unten rechts auf *Weiter*.

5 Sollten Sie nicht mit einem Microsoft-Konto angemeldet sein, müssen Sie dies nun nachholen. Mit einem lokalen Benutzerkonto lässt sich Cortana leider nicht nutzen.

Steuern Sie Cortana durch Sprachbefehle

Einmal eingerichtet, können Sie Cortana jederzeit Anweisungen durch einfache Befehle oder Fragen erteilen:

1 Ist Cortana eingerichtet, sehen Sie unten links im Suchfeld ein Kreissymbol und den Text *Frag mich etwas*.

2 Tippen Sie am rechten Rand dieses Textes auf das Mikrofonsymbol.

3 Nun können Sie einfach drauflosreden. Besondere Befehle oder eine bestimmte Form sind nicht notwendig. Sie sollten sich nur um eine deutliche, nicht zu schnelle Aussprache bemühen. Dann versteht Cortana Sie recht zuverlässig. Probieren Sie einfach mal ein paar Anweisungen aus, wie etwa:

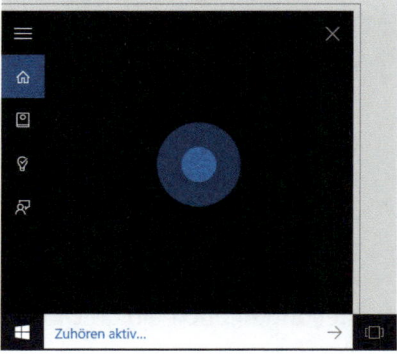

Anweisungen für Cortana eintippen

Wenn Sie kein Mikrofon haben oder sich mit der Sprachsteuerung nicht anfreunden können, können Sie Ihre Anweisungen auch einfach direkt in das *Frag mich etwas*-Suchfeld eintippen. Cortana reagiert darauf ebenso, ist allerdings weniger gesprächig und leitet die Anfragen eher mal kommentarlos an Bing weiter.

- „Wie wird morgen das Wetter?"
- „Neuer Termin morgen um 10 Uhr beim Zahnarzt."
- „Wecke mich morgen früh um 9:00 Uhr."
- „Wie ist der Aktienkurs von BMW?"
- „Was gibt's Neues?"
- „Wann ist mein nächster Termin?"
- „Wo bin ich?"
- „Was bedeutet Bruttosozialprodukt?"
- „Erzähle mir einen Witz"
- „Sing mir ein Schlaflied."
- „Stein, Schere, Papier"
- „Starte Firefox."
- „Schalte das WLAN ein."
- „Vergiss es!" (falls Sie sich mit Cortana in einer Frage mal nicht einig werden sollten)

Cortana per Sprache aktivieren

Cortana kann auch mit einem Sprachbefehl aktiviert werden. Dabei lauscht sie praktisch permanent auf eine bestimmte Phrase und wird automatisch aktiv, wenn sie diese erkennt. Öffnen Sie dazu die Einstellungen von Cortana (bei geöffnetem Dialog links auf das Notizbuch-Symbol klicken und dann auf *Einstellungen*). Hier stellen Sie den Schalter unter *Hey Cortana* auf *Ein*. Nun können Sie Cortana jederzeit mit der Phrase „Hey Cortana" aufwecken und dann auch schon direkt Ihre Frage oder Anweisung sprechen.

Zwischen Tablet- und Desktop-Modus wechseln

Um sowohl klassischen PCs als auch Tablets gerecht zu werden, kennt Windows zwei verschiedene Betriebsarten:

Der Desktop-Modus entspricht dem klassischen PC mit einem Desktop, frei platzierbaren Fenstern und einem Startmenü. Im Tablet-Modus gibt es keinen Desktop, eine bildschirmfüllende Startseite anstelle des Start-menüs und immer nur ein Fenster im Vollbildmodus auf dem Bildschirm.

Windows wählt den passenden Modus abhängig vom Gerät automatisch. Sie können aber auch selbst jederzeit zwischen Tablet- und Desktop-Modus wechseln.

1   Am schnellsten wählen Sie den gewünschten Modus im Info-Center. Mausbenutzer klicken dazu auf das Benachrichtigungssymbol im Info-bereich der Taskleiste. Touch-Nutzer wischen vom rechten Bildschirm herein, um das Info-Center anzuzeigen.

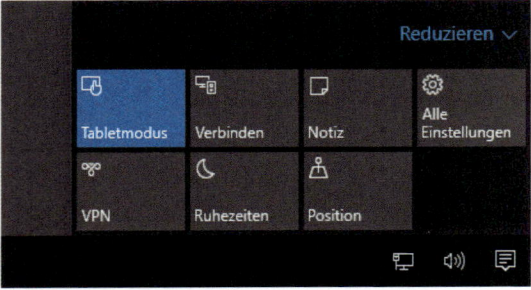

2   Im Info-Center unten befindet sich eine Schaltfläche mit der Aufschrift *Tabletmodus*. Ist sie grau, ist der Desktop-Modus aktiv. Dann klicken oder tippen Sie einfach darauf, um zum Tablet-Modus zu wechseln.

3   Mit den gleichen Schritten gelangen Sie später zum Desktop-Modus zurück, indem Sie den Schalter diesmal ausschalten.

Kein Tablet-Modus verfügbar?

Eigentlich steht der Tablet-Modus auch „normalen" PCs offen, nur wird er dort nicht automatisch aktiviert, sondern lässt sich nur bei Bedarf einschalten. Manchmal aber geht auch das nicht, wenn die entsprechenden Schaltflächen im Info-Center und in den PC-Einstellungen deaktiviert sind. Das geschieht dann, wenn an den PC mehr als ein Monitor angeschlossen ist (Multimonitorbetrieb). Der Tablet-Modus ist explizit nur für einen Monitor entworfen, den er komplett füllt. Für einen zweiten Monitor gibt es keinen Inhalt.

Schnelle Aktionen für das Info-Center festlegen

Sind Ihnen schon die Schaltflächen im unteren Bereich des Info-Centers aufgefallen? Diese stellen praktische Abkürzungen dar und lassen sich – in Grenzen – durch den Anwender selbst wählen.

1 Öffnen Sie dazu in den Einstellungen den Bereich *Benachrichtigungen und Aktionen*.

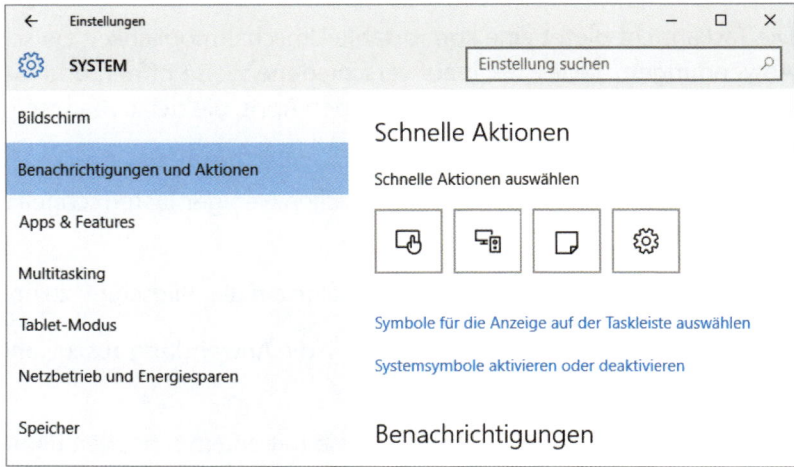

2 Hier finden Sie auf der rechten Seite ganz oben *Schnelle Aktionen*. Darunter sind die vier Schaltflächen abgebildet, so wie Sie sie auch im Info-Center finden.

3 Wenn Sie auf eine der Schaltfläche klicken, wird ein kleines Menü mit allen Funktionen angezeigt, die Sie auf diese Schaltflächen legen können. Wählen Sie die Funktion aus, die an dieser Position angezeigt werden soll.

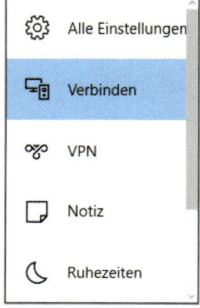

4 Auf die gleiche Weise können Sie für die anderen Schaltflächen jeweils dieses Menü anzeigen lassen. So lässt sich individuell einstellen, welche Funktion Sie wo verfügbar haben möchten.

Die Symbole darunter zeigt Windows nach Verfügbarkeit der entsprechenden Funktionen automatisch an.

Taskansicht – der komfortable Umschalter für Anwendungen und Apps

Die Taskansicht bietet eine komfortable Umschaltmöglichkeit zwischen Anwendungen. Sie lässt sich auf verschiedene Weise öffnen und bietet eine gute Übersicht aller gerade laufenden Apps, die sich dynamisch der Anzahl und der Bildschirmgröße anpasst.

Über die Tastatur lässt sie sich durch Drücken weniger Tasten schnell und gut beherrschen:

1 Drücken Sie ⊞+⇆, um die Taskanzeige auf den Bildschirm zu holen.

2 Verwenden Sie nun die Pfeiltasten, um die Anwendung auszuwählen, mit der Sie weiterarbeiten möchten.

3 Ist diese Anwendung ausgewählt (also mit einem schmalen Rahmen umlegt), drücken Sie ⏎ oder auch die ⌷Leer⌷-Taste.

4 Möchten Sie ohne Wechsel zur vorher geöffneten Anwendung zurückkehren, drücken Sie erneut ⊞+⇆.

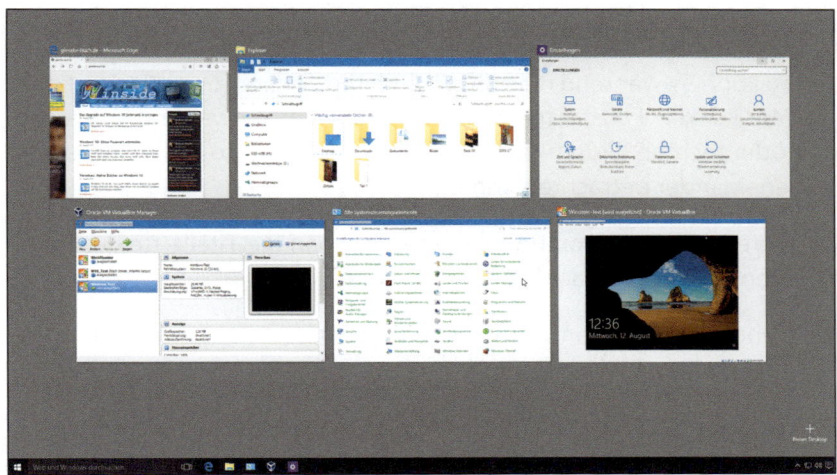

Auch mit der Maus lässt sich die Taskansicht einfach und intuitiv bedienen.

1 Klicken Sie in der Taskleiste neben dem Suchfeld auf das Taskansicht-Symbol, um die
Übersicht der laufenden Anwendungen anzuzeigen.

2 Die Anwendung, zu der Sie wechseln möchten, können Sie nun durch
einfaches Anklicken auswählen.

3 Wenn Sie den Mauszeiger auf eine der angezeigten Anwendungen bewegen, können Sie diese außerdem mit dem kleinen *x*-Symbol oben
rechts schließen.

Auch per Touchbedienung können Sie die Taskansicht benutzen. Um sie
anzuzeigen, können Sie zum einen mit dem Finger auf das Taskansicht-
Symbol in der Taskleiste tippen. Es geht aber auch komfortabler mit einer
Wischgeste vom linken Bildrand in den Bildschirm hinein.

Fenster nebeneinander anordnen

Manchmal ist es praktisch, zwei verschiedene Fenster gleichzeitig auf dem Bildschirm zu haben – etwa um Inhalte zu vergleichen, um Objekte vom einen ins andere Fenster zu ziehen oder um eine Sache im Auge behalten zu können, während man an der anderen arbeitet. Dank Snap besteht die Möglichkeit, Fenster mit einer einfachen Mausbewegung auf der linken oder rechten Bildschirmhälfte anzuordnen, um so z. B. zwei Fenster nebeneinander betrachten und benutzen zu können.

1 Ergreifen Sie wie vorangehend beschrieben die Titelleiste des fraglichen Fensters mit der linken Maustaste.

2 Ziehen Sie dann den Mauszeiger mitsamt dem Fenster an den linken oder rechten Bildschirmrand.

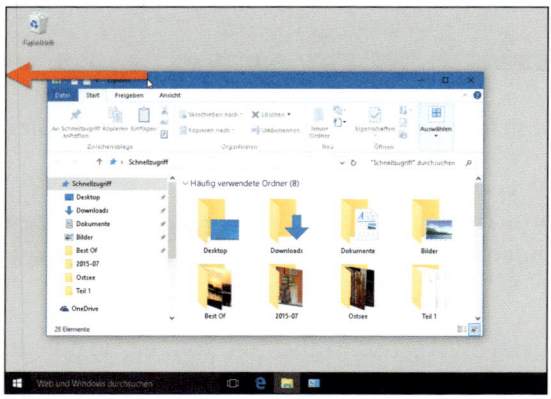

3 Haben Sie einen dieser beiden Ränder erreicht, schlägt Ihnen Windows mit der beschriebenen transparenten Fläche vor, das Fenster so anzuordnen, dass es genau diese Hälfte des Bildschirms bedeckt.

4 Lassen Sie die Maustaste los, um das Fenster so zu platzieren.

5 Auf der anderen Hälfte des Bildschirms zeigt Ihnen die Taskansicht nun alle anderen laufenden Anwendungen an (sofern welche laufen). Soll eines dieser Fenster auf der anderen Bildschirmhälfte platziert werden, können Sie es hier einfach auswählen. Andernfalls klicken Sie einfach irgendwo anders hin.

Auch bei dieser Variante können Sie den Fenstern später ganz einfach ihre alte Größe zurückgeben. Ergreifen Sie dazu erneut die Titelleisten und ziehen Sie die Fenster von der jeweiligen Bildschirmseite weg zur Mitte hin. Die Fenster erhalten die Ursprungsgröße zurück und können dann beliebig platziert werden.

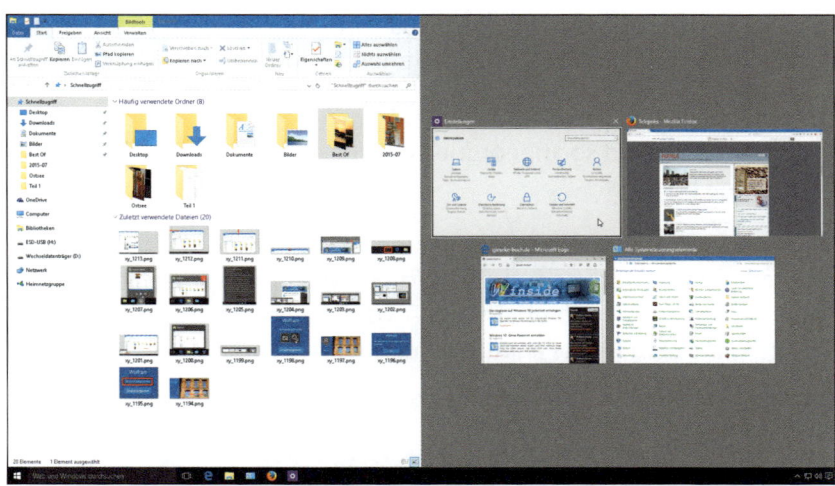

Fenster in den vier Quadranten des Bildschirms verteilen

Da Monitore immer größer werden und immer mehr Fläche bieten, kann man sie manchmal auch mit mehr als zwei Fenstern sinnvoll füllen. Dafür unterstützt Snap zusätzlich das Anordnen von Fenstern in den Quadranten der Bildschirmfläche, also jeweils einem Viertel des verfügbaren Raumes oben links, oben rechts, unten links und unten rechts. Die Vorgehensweise ist dabei ganz ähnlich.

1 Ergreifen Sie ein Fenster an seiner Titelleiste und ziehen Sie es in die Richtung der Bildschirmecke, in der es angeordnet werden soll.

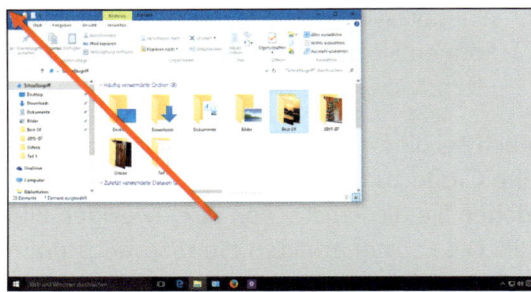

2 Erreicht der Mauszeiger den Bildschirmrand, deutet Windows die Fläche an, die das Fenster einnehmen würde. Lassen Sie den Mauszeiger nun los.

3 Das Fenster wird so angeordnet, dass es genau den gewählten Quadranten bedeckt.

Vorschläge für die anderen Quadranten wie beim Anordnen am Seitenrand erhalten Sie nicht, da Windows nicht wissen kann, welche weiteren Quadranten Sie – wenn überhaupt – verwenden möchten. Sie können den Vorgang aber für die anderen drei Quadranten einfach wiederholen.

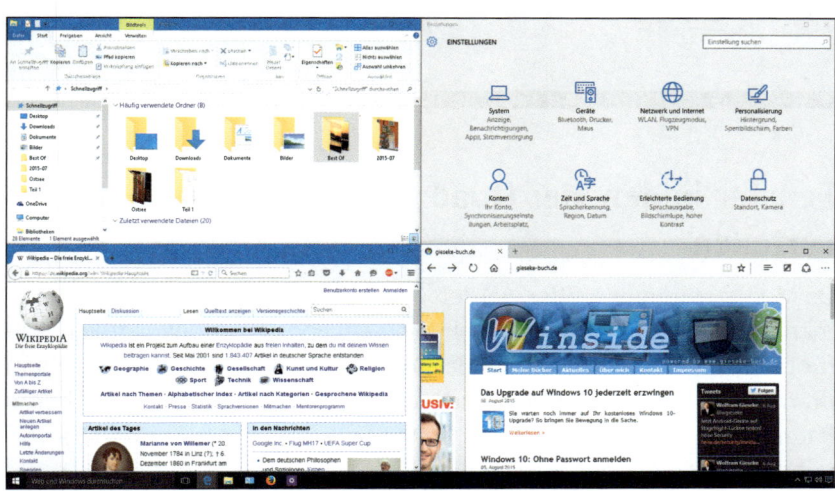

Mit virtuellen Desktops die Arbeitsfläche beliebig vergrößern

Virtuelle Desktops erlauben es, mehrere Bildschirme einzurichten, zwischen denen Sie jederzeit mit einem Tastendruck oder Mausklick hin- und herwechseln können. Jeder Bildschirm kann seinen eigenen Inhalt haben. Wie beim „echten" Monitor können Sie darauf beispielsweise verschiedene Fenster anordnen. Kehren Sie später zu diesem virtuellen Desktop zurück, werden alle Fenster wieder genauso angezeigt, wie Sie sie zuletzt verlassen haben.

1 Öffnen Sie die Taskansicht – entweder mit dem Symbol in der Taskleiste, per Wischgeste vom linken Bildschirmrand oder mit der Tastenkombination ⊞+⇄.

2 Unten rechts über dem Infobereich finden Sie ein Plussymbol mit der Beschriftung *Neuer Desktop*. Klicken oder tippen Sie darauf.

3 Daraufhin wird die Taskansicht unten um eine Leiste ergänzt, die jeweils ein Symbol für *Desktop „1"* und den neuen *Desktop „2"* enthält.

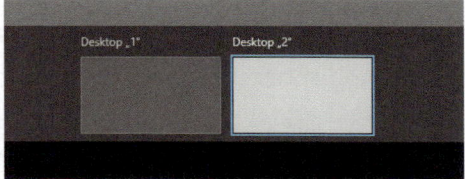

Diesen Vorgang können Sie beliebig oft wiederholen. Jedes Mal kommt ein weiterer virtueller Desktop hinzu.

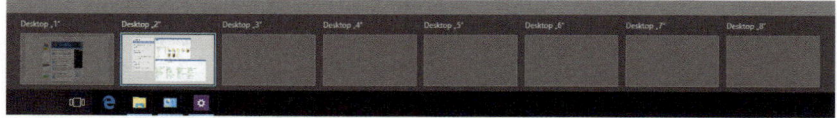

Wenn Sie Tastenkürzel bevorzugen, können Sie mit ⊞+Strg+D einen zusätzlichen virtuellen Desktop anlegen.

Zwischen virtuellen Bildschirmen hin- und herwechseln

Die Taskansicht stellt Ihnen alle Funktionen zum Nutzen der virtuellen Desktops zur Verfügung. Alternativ gibt es auch Tastenkürzel, mit denen Sie schnell zu einem bestimmten virtuellen Desktop gelangen können. Die Taskansicht bietet sich aber an, wenn Sie nicht genau wissen, auf welchem Desktop sich ein gesuchtes Programmfenster gerade befindet.

1   Öffnen Sie wiederum die Taskansicht mit Ihrer bevorzugten Methode.

2   In der Leiste unten finden Sie ein Symbol für jeden virtuellen Desktop mit einer Mini-Livevorschau dessen Inhalts wieder.

3   Wenn Sie den Mauszeiger über einem der Symbole kurz verharren lassen, wird darüber die Taskansicht für den entsprechenden virtuellen Desktop angezeigt. So können Sie schnell erkennen, ob sich ein gesuchtes Programm bzw. Fenster darauf befindet.

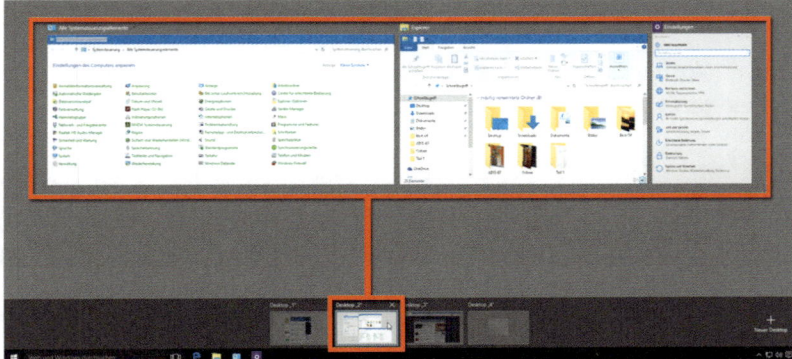

4 Um zu einem Desktop zu wechseln, klicken Sie einfach darauf. Die Taskansicht wird geschlossen und stattdessen dieser virtuelle Bildschirm angezeigt.

Für den kurzen Dienstweg gibt es auch Tastenkombinationen, mit denen Sie schnell von einem zum anderen Desktop wechseln: Mit ⊞+Strg+← wechseln Sie zum links benachbarten Desktop, mit ⊞+Strg+→ geht es in die andere Richtung, jeweils bis Sie beim letzten bzw. ersten Desktop angekommen sind.

Die Desktops in der Taskansicht per Tastatur auswählen

Auch die Auswahl in der Taskansicht lässt sich komplett per Tastatur nutzen. Drücken Sie zunächst ⊞+⇆, um die Taskansicht zu öffnen, dann noch einmal ⇆, um die Auswahl nach unten in die Leiste der virtuellen Desktops zu verschieben. Nun können Sie mit ← bzw. → einen der Desktops auswählen und mit ⏎ zu diesem wechseln.

Fenster auf den virtuellen Desktops anordnen

Jeder virtuelle Bildschirm ist ein Desktop für sich. Wenn Sie auf einem Desktop eine Anwendung starten oder ein Dokument öffnen, wird es auf diesem Desktop angezeigt. Auch die Tastenkombinationen Alt+⇆ bzw. ⊞+⇆ wirken sich standardmäßig immer nur innerhalb des gerade angezeigten Desktops aus.

Das können Sie allerdings ändern. Um zu einer Anwendung zu wechseln, die auf einem anderen virtuellen Desktop angezeigt wird, müssen Sie also zunächst zu diesem Desktop wechseln.

Keine Regel ohne Ausnahme: Von Apps kann es immer nur eine Instanz geben. Wenn eine App bereits geöffnet ist und Sie sie erneut aufrufen, wechselt Windows automatisch zu dem virtuellen Desktop, der diese App gerade anzeigt.

Immer alle Fenster anzeigen

Dass beim Taskwechsel immer nur die Fenster des aktuellen Desktops angezeigt werden, ist eigentlich ganz sinnvoll, insbesondere wenn man mehrere Desktops mit vielen Fenstern nutzt. Gerade am Anfang kann es aber verwirrend sein, immer erst den virtuellen Desktop zu einem bestimmten Fenster zu suchen. Sie können dieses Verhalten deshalb umstellen. Öffnen Sie dazu in den Einstellungen den Bereich *System/Multitasking* und stellen Sie dort die beiden Optionen unter *Virtuelle Desktops* jeweils auf *Allen Desktops*.

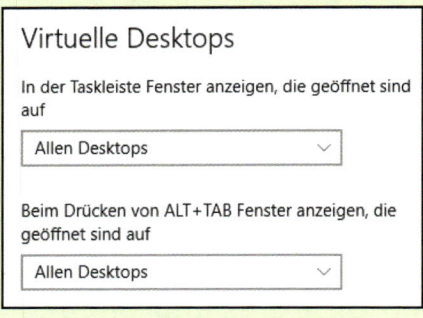

Um ein Fenster auf einem bestimmten virtuellen Desktop anzuzeigen, öffnen Sie die Anwendung bzw. das Dokument, wenn dieser Desktop geöffnet ist. Sie können aber auch vorhandene Fenster auf einen anderen der virtuellen Bildschirme verschieben:

1 Öffnen Sie die Taskansicht mit diesem Fenster.

2 Klicken Sie mit der rechten Maustaste auf die Vorschau des Fensters und wählen Sie im Kontextmenü *Verschieben nach*.

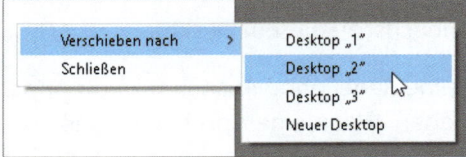

3 Ein Untermenü listet dann alle anderen vorhandenen virtuellen Desktops auf. Alternativ können Sie bei dieser Gelegenheit auch einen neuen virtuellen Desktop anlegen und das Fenster dorthin verschieben.

Virtuelle Desktops schließen

Virtuelle Desktops lassen sich in der Taskansicht mit dem kleinen *x*-Symbol rechts über ihrer Vorschau schließen. Alternativ verwenden Sie das Tastenkürzel ⊞+Strg+F4, um den gerade angezeigten virtuellen Desktop zu schließen.

Dabei werden die Fenster bzw. Anwendungen und Apps, die sich auf diesem Desktop befinden, allerdings nicht automatisch mitgeschlossen. Stattdessen werden diese auf den „links benachbarten" virtuellen Desktop verschoben. Sie brauchen also nicht zu befürchten, dass durch das Schließen eines Desktops etwa Änderungen in geöffneten Dokumenten verloren gehen.

Beim Beenden von Windows werden wie üblich ohnehin alle Programme geschlossen, die virtuellen Desktops an sich bleiben aber erhalten.

2. Die Windows-Oberfläche individuell einrichten

Die Oberfläche eines Computers soll für viele Anwender nicht nur funktional sein, sondern auch „gut aussehen". Und da gutes Aussehen nun mal eine Frage des persönlichen Geschmacks ist, kommt Windows dem mit umfassenden Gestaltungsmöglichkeiten bei Desktop, Hintergrund, Farben oder auch Sperrbildschirm entgegen. Und auch das Startmenü lässt sich individuell gestalten und an die persönlichen Vorlieben irgendwo zwischen Schnellstartliste und persönlicher Infozentrale anpassen.

Kacheln nach Wahl in vier Größen

Die Startseite des aktuellen Windows kennt vier verschiedene Kachelgrößen, die sich beliebig kombinieren lassen. Dies gilt allerdings nur für Touch-Apps, die Symbole von Desktop-Apps können auch weiterhin nur *Klein* oder *Mittel* sein. Dabei dürfen nun auch Lücken zwischen den Kacheln entstehen, die Windows nicht sofort automatisch schließt. Man hat also etwas mehr Gestaltungsfreiheit für individuelle Startseiten.

- **Klein:**
  Minikacheln zum platzsparenden Anzeigen von Symbolen, für Desktop- und Touch-Apps.

- **Mittel:**
  Einfache viereckige Kacheln zum Anzeigen von Symbolen oder für sehr kompakte Live-Kacheln, für Desktop- und Touch-Apps.

- **Breit:**
  Mittlere Kacheln in doppelter Breite für das Anzeigen einfacher Live-Kacheln, nur für Touch-Apps.

  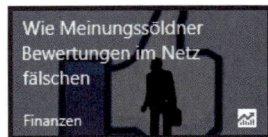

- **Groß:**
  XXL-Kacheln, die viermal so groß sind wie einfache Kacheln und reichlich Platz für dynamische Inhalte bieten, nur für Touch-Apps.

Diese vier Kachelgrößen können Sie beliebig einsetzen und kombinieren. Allerdings stehen nicht immer für alle Kacheln alle Größen zur Verfügung. Dies hängt jeweils davon ab, welche Kachelgrößen die dahinterstehende App unterstützt.

1 Klicken Sie auf der Startseite mit der rechten Maustaste auf die Kachel.

2 Im so geöffneten Untermenü können Sie nun die gewünschte Kachelgröße – *Klein*, *Mittel*, *Breit* oder *Groß* – auswählen.

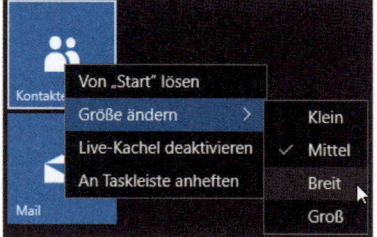

Die Änderung tritt sofort in Kraft. Die sich daraus ergebenden Änderungen für die Gestaltung der Startseite ermittelt Windows automatisch und passt das Layout entsprechend an.

Live-Kacheln: aktuelle Daten im Startmenü

Manche der Apps können Informationen direkt in ihrer Kachel im Startmenü anzeigen. Einfaches Beispiel: Wenn Sie die Wetter-App aufrufen, zeigt diese Ihnen nett aufgemacht das aktuelle Wetter und die Vorhersage für verschiedene Orte an. Aber wenn Sie einfach nur morgens wissen wollen, wie warm es heute werden soll und ob es vielleicht regnen wird, reichen dafür die Kerndaten. Und die kann die Wetter-App in ihrer Live-Kachel anzeigen, sodass Sie nur im Startmenü nachzuschauen brauchen. Die App selbst müssen Sie dafür nicht mal öffnen.

1   Um aus einer statischen Kachel eine Live-Kachel zu machen, klicken Sie diese mit der rechten Maustaste an.

2   Bei geeigneten Apps finden Sie im Kontext-menü den Eintrag *Live-Kachel aktivieren*. Ist kein solcher vorhanden, unterstützt die App diese Funktion leider nicht. Desktop-Apps können grundsätzlich keine Live-Kacheln anzeigen.

3   So eingestellte Apps zeigen kein statisches Symbol in ih-rer Kachel, sondern Informationen, die sich automatisch aktualisieren.

4   Oftmals lohnt es sich, die Live-Kachel zu ver-größern, da dann zusätzliche Informationen angezeigt werden oder die Anzeige attrakti-ver gestaltet wird.

5   Um für eine App die Live-Kachel wieder zu deaktivieren, wiederholen Sie die beschrie-benen Schritte und wählen im Kontextmenü *Live-Kachel deaktivieren*.

Kacheln von der Startseite verbannen

Nicht jede Kachel wird unbedingt auf der Startseite benötigt. Schon di-rekt nach der Windows-Installation sind welche dabei, die Sie vielleicht gar nicht brauchen. Und wenn Sie Apps installieren, werden teilweise au-tomatisch Kacheln eingefügt. Deshalb ist es durchaus sinnvoll, ab und zu mal aufzuräumen und nicht mehr benötigte Kacheln von der Startseite zu verbannen.

1 Um eine Kachel zu entfernen, klicken Sie mit der rechten Maustaste darauf.

2 Wählen Sie im Kontextmenü dann *Von „Start"* *lösen*.

Wohlgemerkt: Sie entfernen hierbei nur die Kachel von der Startseite. Die eigentliche App oder Anwendung bleibt davon unberührt und kann weiterhin beispielsweise über das Suchmenü aufgerufen werden.

Spezielle Funktionen bei Kacheln für Desktop-Apps

Auch Desktop-Apps können als Kacheln Teil der Startseite werden, um sie von dort jederzeit schnell zu starten. Zwei Einschränkungen wurden bereits erwähnt: Desktop-Apps können nur zwei Kachelgrößen und keine Live-Kacheln. Ansonsten lassen sie sich genauso platzieren und gruppieren.

Öffnet man aber mit der rechten Maustaste das Kontextmenü einer Desktop-App-Kachel, entdeckt man dort auch einige interessante Zusatzfunktionen, die es für Touch-Apps so nicht gibt:

- Mit *Deinstallieren* können Sie die Anwendung von Ihrem PC entfernen. Allerdings nicht direkt, sondern es handelt sich lediglich um eine Verknüpfung zu dem zuständigen Modul der klassischen Systemsteuerung. Hier müssen Sie immer noch den Eintrag *Anwendung* finden und auswählen.

- Praktischer ist da schon *Als Administrator ausführen*, um eine Anwendung mit Administratorrechten zu starten, wenn dies erforderlich ist.

- Mit *Dateipfad öffnen* starten Sie den Windows-Explorer und zeigen den Ordner an, in dem sich die Programmdatei der Anwendung befindet.

Kacheln an die gewünschte Position ziehen

Die Position einzelner Kacheln bestimmen Sie ganz intuitiv, indem Sie eine Kachel mit der Maus erfassen, an die gewünschte Stelle ziehen und dort loslassen. Die anderen Kacheln, die sich bislang an dieser Stelle befanden, machen dann Platz für die neue und arrangieren sich automatisch passend um. Ein kleines Beispiel: Die Kachel der Mail-App soll in ihrer Spalte ganz nach oben verschoben werden.

1 Erfassen Sie die Kachel der App, indem Sie sie mit der linken Maustaste anklicken.

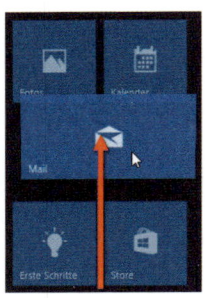

2 Ziehen Sie nun die Maus nach oben auf die beiden Kacheln, die bislang die oberste Zeile dieser Spalte besetzten.

3 Irgendwann rutschen die beiden Kacheln nach unten weg, sodass sie unterhalb der verschobenen Kachel angezeigt werden.

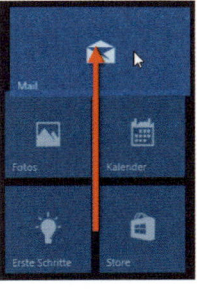

4 Wenn Sie die Kachel nun loslassen, nimmt sie die bisherige Position der beiden kleinen Kacheln ein. Diese werden eine Reihe nach unten verschoben, weitere Kacheln darunter passen sich gegebenenfalls ebenfalls automatisch an.

Kacheln in andere Kachelgruppen ziehen

Auf die beschriebene Weise können Sie einzelne Kacheln nicht nur innerhalb einer Gruppe verschieben, sondern auch von der einen in die andere Gruppe ziehen. Die Kachel wird aus der alten Gruppe entfernt und in die neue eingefügt (ein „Kopieren" ist nicht möglich, da jede Kachel nur einmal auf der Startseite vorkommen kann).

Kacheln in Gruppen außerhalb des Bildschirms ziehen

Wenn Sie eine Kachel in eine andere Gruppe ziehen wollen, die sich gerade außerhalb der auf dem Monitor sichtbaren Fläche der Startseite befindet, ist das auch kein Problem. Ziehen Sie die Kachel an den Rand des Bildschirms, in dessen Richtung sich die gewünschte Gruppe befindet. Sobald Sie die Nähe des Rands erreichen, verschiebt sich die gesamte Startseite automatisch und „kommt Ihnen entgegen". Halten Sie die Position am Bildschirm, bis die Zielgruppe angezeigt wird, und entfernen Sie sich dann wieder vom Bildschirmrand, um die Bewegung zu stoppen. Mit etwas Übung und Geschick können Sie sogar die Geschwindigkeit des Verschiebens steuern, je nachdem, wie dicht Sie sich an den Bildschirmrand annähern.

Die beiden beteiligten Gruppen passen sich automatisch an. Die alte schrumpft um eine Kachel, deren Platz gegebenenfalls von anderen eingenommen wird, damit keine Lücke entsteht. Die neue Gruppe wird um die Kachel an der vorgesehenen Stelle erweitert, wozu die bislang dort angezeigten an eine andere Stelle rutschen. Sollten die Spalten der neuen Gruppe für eine weitere Kachel nicht mehr reichen, wird der Block rechts um eine Spalte erweitert.

Neue Kachelgruppen einfügen

Wie Sie Kacheln von einer Gruppe in eine andere verschieben, wurde vorangehend bereits beschrieben. Was aber, wenn Sie eine ganz neue Gruppe für eine bestimmte Art von Kacheln anlegen möchten? Auch das ist ganz intuitiv per Drag-and-drop möglich:

1 Ergreifen Sie eine Kachel, die Teil der neuen Gruppe werden soll.

2 Ziehen Sie diese aus der alten Gruppe heraus und platzieren Sie sie an eine Stelle über oder unter einer vorhandenen Gruppe, wo die neue, zusätzliche Gruppe entstehen soll. Wenn Sie die richtige Position erreicht haben, wird eine farbige Fläche als „Platzhalter" für eine neue Gruppe angezeigt.

3 Lassen Sie die Kachel nun fallen. Sie wird neben dem vorhandenen Block als neue Gruppe mit einer Spalte und darin einer Kachel eingefügt.

4 Anschließend können Sie weitere Kacheln in die neue Gruppe einfügen.

Neue Gruppen können nur über oder unter einer vorhandenen Gruppe entstehen oder ganz oben in einer leeren Spalte der Startseite. Sie lassen sich nicht etwa wie die Icons auf dem Desktop völlig frei platzieren.

Kachelgruppen mit eigenen Bezeichnungen versehen

Es dürfte für die Orientierung gerade bei vielen verschiedenen Kachelgruppen durchaus hilfreich sein, jeden Block mit seinem eigenen, prägnanten Namen zu versehen. Und das geht ganz einfach:

1 Bewegen Sie den Mauszeiger auf den leeren Raum, wo ein Titel stehen soll. Dann wird dort der Text *Gruppe benennen* angezeigt, den Sie anklicken können. Hat die Gruppe schon einen Namen, klicken Sie einfach auf diesen.

2 Der Bereich verwandelt sich daraufhin in ein Eingabefeld, in das Sie die gewünschte Bezeichnung eintippen können.

3 Drücken Sie zum Abschluss auf ⏎ oder klicken Sie einfach mit der Maus an eine andere Stelle, um die Bezeichnung zu übernehmen. Sie wird ab sofort immer oberhalb dieser Gruppe angezeigt.

Ganze Kachelgruppen verschieben

Einmal erstellte Gruppen lassen sich insgesamt auf der Startseite an eine andere Position schieben:

1 Bewegen Sie den Mauszeiger auf den Titel der Gruppe bzw. bei unbenannten Gruppen auf die leere Stelle, wo der Titel stehen würde.

2 Neben dem Titel wird dann rechts ein Symbol aus zwei parallelen Linien angezeigt. Ergreifen Sie dieses Symbol mit gedrückter linker Maustaste.

3 Bewegen Sie nun den Mauszeiger an die Stelle der Startseite, wohin Sie diese Gruppe verschieben möchten. Zielen Sie dabei auf eine Stelle oberhalb oder unterhalb einer anderen Gruppe bzw. den oberen Rand einer noch leeren Spalte der Startseite, bis dort eine farbige Fläche angezeigt wird.

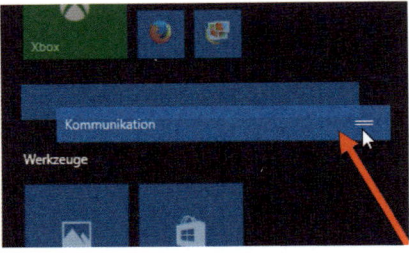

4 Lassen Sie den Mauszeiger nun los, wird die gesamte Gruppe an diese Stelle verschoben. Die Platzierung der Symbole innerhalb der Gruppe bleibt dabei unverändert.

Eine Kachelgruppe entfernen

Selbstverständlich können Sie auch Kachelgruppen entfernen. Das Rezept dazu ist ganz einfach: Entfernen Sie die Kacheln aus der Gruppe, indem Sie sie in andere Gruppen verschieben oder ganz von der Startseite verbannen. In dem Moment, in dem Sie die letzte Kachel einer Gruppe aus dieser entfernen, wird die Gruppe automatisch aufgelöst.

Die Startseite per Touch gestalten

Der Inhalt der Startseite ist der gleiche, egal ob Sie im Tablet-Modus die volle Startseite nutzen oder im Desktop-Modus das Startmenü mit verkleinerter Startseite. Er wird nur dynamisch an den verfügbaren Platz angepasst. Sie können die Gestaltung der Startseite auch im Tablet-Modus vornehmen, wo maximaler Platz dafür auf dem Bildschirm vorhanden ist. Wenn Sie das an einem Tablet per Fingerbedienung machen, ist die Vorgehensweise aber eine etwas andere:

1 Tippen Sie zunächst etwas länger auf die Kachel, deren Position oder Aussehen Sie verändern möchten. Wollen Sie an den Kachelgruppen etwas ändern, tippen Sie zunächst auf ein beliebiges Symbol.

2 Das Aussehen der Startseite verändert sich dann. Die gewählte Kachel wird mit zwei Kreisen versehen, der Rest der Seite wird abgedunkelt und bei allen Gruppen die Titelleiste angezeigt.

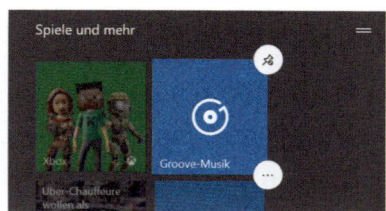

3 Mit den beiden Kreissymbolen können Sie die gewählte Kachel verändern:

- Mit dem oberen Symbol, das mit einer Stecknadel gekennzeichnet ist, entfernen Sie die Kachel von der Startseite.

- Mit dem unteren Drei-Punkte-Symbol öffnen Sie ein Menü mit den bereits vorgestellten Funktionen für die Gestaltung der Kachel. Unter *Weitere Optionen* finden Sie zusätzliche Funktionen wie das Anheften des App-Symbols an die Taskleiste. Bei Kacheln von Desktop-Anwendungen gibt es hier noch mehr Einträge wie etwa *Als Administrator ausführen*.

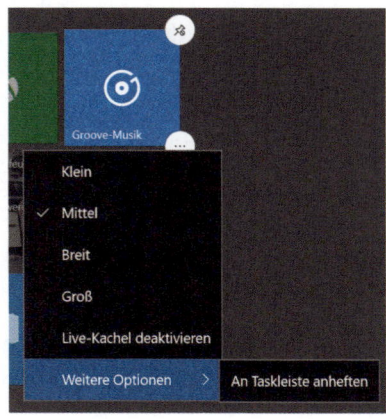

4 Um die Position einer Kachel zu verändern, können Sie sie im so ausgewählten Zustand mit einer Fingerspitze „mitnehmen" und an der gewünschten Stelle der Startseite loslassen.

5 Solange ein Element der Startseite ausgewählt ist, können Sie jede Gruppe mit dem Doppelstrich-Symbol oben rechts neben ihrem Namen ergreifen und an eine andere Position ziehen.

6 Auch die Gruppennamen lassen sich so schnell verändern: Einmal auf die bisherige Bezeichnung bzw. den Platzhalter dafür tippen und dann im Eingabefeld den gewünschten Namen eintippen.

Kacheln mit Multitouch verschieben

Eine weitere Variante des Verschiebens von Kacheln in andere Bildschirmbereiche demonstriert sehr schön, wie intuitiv die Bedienung per Touchscreen sein kann: Ergreifen Sie die zu verschiebende Kachel mit einem Finger und halten Sie diese an Ort und Stelle fest. Nun setzen Sie einen anderen Finger (am besten der anderen Hand) auf die Startseite und wischen diese damit in die Richtung des Zielbereichs. Die Seite verschiebt sich dadurch, während die eine Kachel vom anderen Finger festgehalten wird. Ist der Zielbereich sichtbar, nehmen Sie den zweiten Finger wieder weg und setzen die Kachel mit dem ersten Finger an die gewünschte Position.

Den Desktop mit einem Design nach Wahl verschönern

Mit einem Design lässt sich der gesamte Desktop in einem bestimmten Stil gestalten. Das umfasst nicht nur das Erscheinungsbild, sondern auch Elemente wie Hintergrundbilder, Systemklänge und Bildschirmschoner. Windows bringt bereits einige fertige Designs mit, weitere können Sie online beziehen oder auch selbst erstellen.

1 In die Einstellungen für die Desktop-Designs gelangen Sie am schnellsten über das Symbol *Anpassung* in der klassischen Systemsteuerung.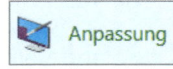

2 In diesem Menü stehen Ihnen einige vorgefertigte Designs zur Auswahl. Neben den *Windows-Standard-Designs* finden Sie im Bereich *Designs mit hohem Kontrast* auch solche, die den Desktop möglichst lesbar gestalten, etwa für ungünstige Lichtverhältnisse oder Benutzer mit visuellen Einschränkungen.

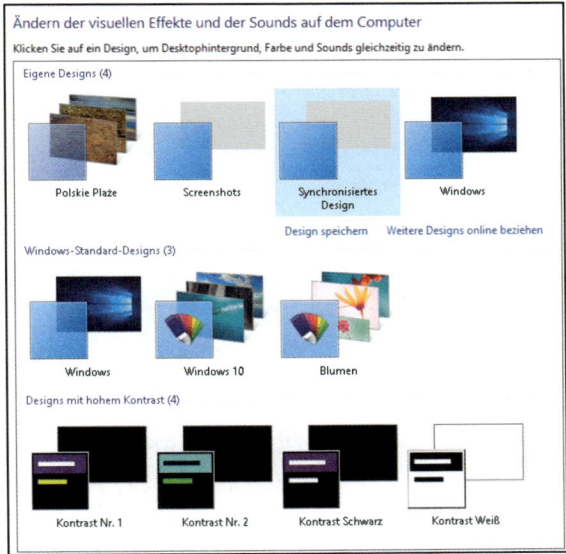

3 In dem Moment, in dem Sie eines der Designs einfach mit der linken Maustaste auswählen, schaltet Windows automatisch darauf um. Um es beizubehalten, brauchen Sie das Menü nun nur noch zu schließen.

Zurück zum vorherigen Design?

Der sofortige Wechsel ist zum Ausprobieren der verschiedenen Designs praktisch, hat aber einen Nachteil: Wenn Sie zum Schluss doch wieder zum ursprünglich eingestellten Design zurückkehren wollen, gibt es keine *Abbrechen*-Schaltfläche. Das lässt sich aber einfach umgehen: Hatten Sie zuvor ein modifiziertes Design, z. B. das Standarddesign mit einem eigenen Hintergrundbild, finden Sie dieses in der Liste ganz oben in der Kategorie *Eigene Designs* unter dem Eintrag *Nicht gespeichertes Design*.

Weitere Designs online finden und installieren

Zusätzlich zu den mitgelieferten Designs bietet Microsoft via Internet weitere Designs an, die Sie kostenlos herunterladen, installieren und nutzen können. Auch andere Anbieter werden gegebenenfalls komplette Designs veröffentlichen, die auf die gleiche Weise heruntergeladen und integriert werden können.

1 In der Designverwaltung finden Sie ganz oben in der Designliste die Kategorie *Eigene Designs*. Klicken Sie dort unten rechts auf den Link *Weitere Designs online beziehen*.

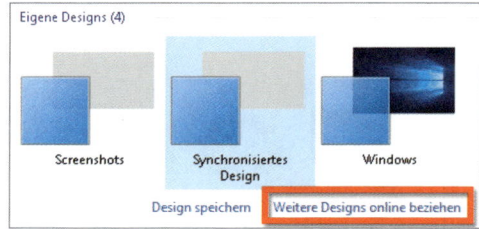

2 Damit öffnen Sie eine Website, die eine Übersicht über die zusätzlich erhältlichen Designs von Microsoft enthält. Um eines der Designs herunterzuladen und zu installieren, klicken Sie es mit der Maus an.

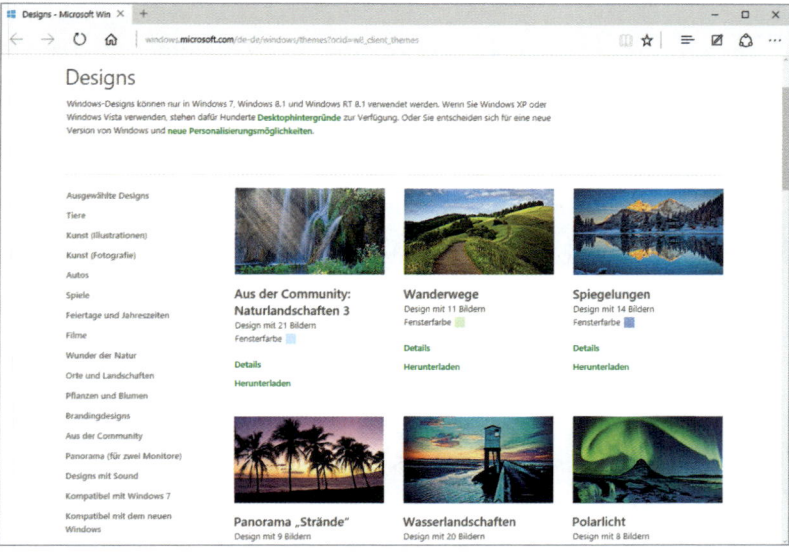

3 Wählen Sie dann im Download-Dialog die Funktion *Öffnen*, um das Design nach dem Herunterladen direkt zu installieren.

4 Bestätigen Sie gegebenenfalls die Sicherheitsrückfrage des Systems und lassen Sie das Ausführen der Datei zu, um das Design einzurichten.

5 Das Design wird dann installiert und auch automatisch sofort ausgewählt. In der Designliste wird es ab sofort in der Rubrik *Eigene Designs* aufgeführt, in der Sie es auch später jederzeit erneut auswählen können.

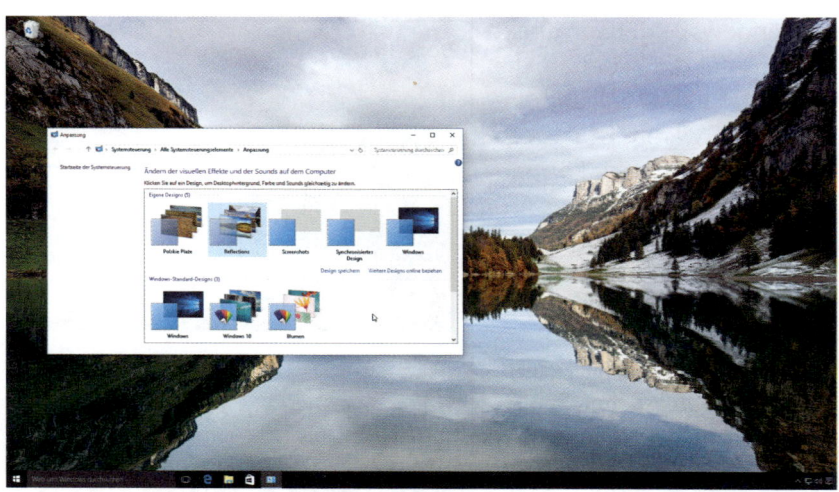

Den Bildschirmhintergrund verändern

Dass sich der Windows-Hintergrund mit Bildern, Farben oder Mustern beliebig gestalten lässt, ist nichts Neues. Gegenüber dem Vorgänger hat sich hier auch nichts Entscheidendes verändert. Allerdings sind die Dialoge dafür in die PC-Einstellungen gewandert.

Kein Hintergrund

Wollen Sie einfach nur eine einfarbige Fläche als Hintergrund, hat Microsoft es ganz leicht gemacht: Klicken Sie bei *Hintergrund* auf *Volltonfarbe* und wählen Sie dann darunter eine genehme Hintergrundfarbe aus. Diese wird auch verwendet, wenn ein gewähltes Bild den Hintergrund eben nicht vollständig abdeckt.

1 Zunächst können Sie mit dem Auswahlfeld *Hintergrund* festlegen, welche Art von Hintergrund Sie haben möchten. Davon abhängig verändern sich die Eingabeelemente für diese Einstellungen. Für ein bestimmtes Hintergrundbild wählen Sie *Bild*.

2 Windows zeigt dann direkt darunter die Bilder an, die zuletzt als Hintergrund eingestellt waren. Ist das gewünschte dabei, können Sie es durch einfaches Anklicken oder Antippen auswählen.

3 Möchten Sie ein anderes Bild verwenden, klicken Sie auf die *Durchsuchen*-Schaltfläche. Im anschließenden Dialog wählen Sie den Ordner und die Bilddatei aus. Das Bild wird dann mit in das große Auswahlfeld aufgenommen und kann dort per Mausklick festgelegt werden.

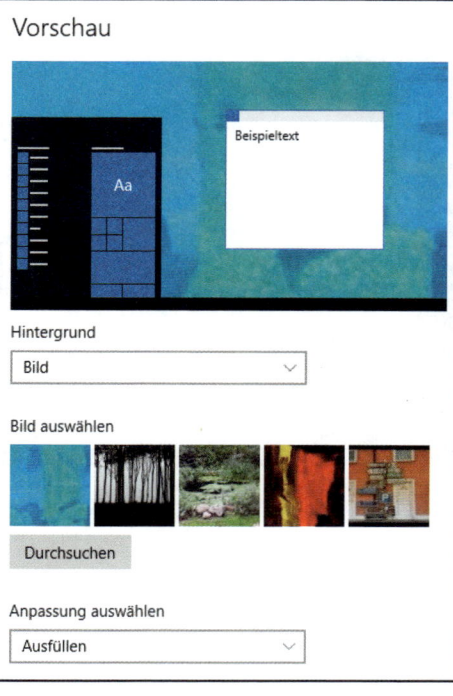

4 Ganz unten finden Sie ein Auswahlfeld zum Anordnen des Bildes. Dieses ist vor allem dann wichtig, wenn das Bild nicht der Größe der Desktop-Auflösung entspricht. Dann können Sie es mit diesen Optionen an die Desktop-Auflösung anpassen, mit einem Kacheleffekt mehrfach nebeneinander auf dem Bildschirm anzeigen oder in der Mitte des Bildschirms zentrieren lassen. Auch hier wirkt sich das Auswählen einer Option unmittelbar auf die Desktop-Darstellung aus, sodass Sie die Wirkung direkt überprüfen können.

Weißer Hintergrund

Für einen einfarbigen Hintergrund bietet Windows nur bestimmte Farben an, die gut mit den Bedienelementen kontrastieren. Einen schlichten weißen Hintergrund (oder einfach eine beliebige andere Farbe) kann man so nicht wählen. Erstellen Sie stattdessen eine Grafikdatei (das geht beispielsweise mit dem mitgelieferten Paint-Programm). Die Bildgröße ist dabei beliebig, es reichen im Prinzip 10 x 10 Pixel. Füllen Sie das Bild mit der Farbe Ihrer Wahl und speichern Sie es als PNG-Datei ab. Dann wählen Sie mit dem *Durchsuchen*-Dialog dieses Bild als Hintergrundbild aus. Bei *Anpassung* wählen Sie *Strecken* oder *Dehnen* aus, sodass Windows auch ein zu kleines Bild über den gesamten Bildschirm spannt.

Den Bildschirmhintergrund als Diashow gestalten

Zu den eher verspielten Funktionen von Windows zählt die Möglichkeit, für den Bildschirmhintergrund nicht einfach nur ein festes Bild zu wählen, sondern eine ganze Auswahl an Bildern festzulegen, die dann wie bei einer Diashow regelmäßig gewechselt werden.

1 Um den Desktophintergrund als Diashow zu gestalten, wählen Sie in den Einstellungen als Hintergrundart *Diashow*.

2 Wählen Sie dann darunter den Ordner, aus dem Windows die Bilder nach dem Zufallsprinzip auswählen soll.

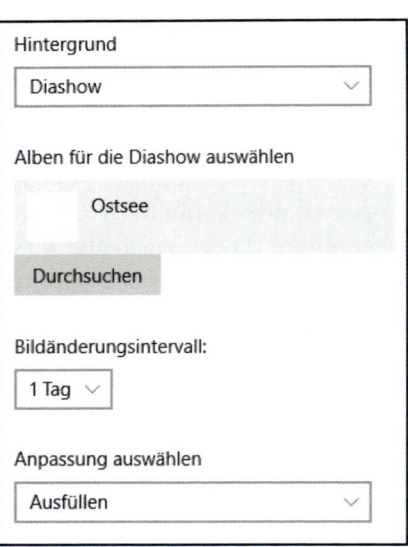

3 Unten können Sie dann bei *Bildänderungsintervall* festlegen, wie häufig ein neues Bild geladen werden soll. Mit *1 Tag* bekommen Sie effektiv jeden Tag ein anderes Bild zu sehen.

4 Als Anpassungsart können Sie – etwa abhängig vom Ausgangsmaterial – am besten *Ausfüllen* wählen.

Fensterrahmen und Bedienelemente individuell anpassen

Ähnlich wie bei den Vorgängerversionen lässt sich auch beim aktuellen Windows die Farbe von Fensterrahmen und Bedienelementen individuell anpassen. Die Zeit von verspielten Aero-Effekten ist zwar vorbei, und vieles wählt Windows dynamisch selbst aus. Aber Sie haben Möglichkeiten, in die Farbwahl und einzelne Transparenzeffekte einzugreifen.

1 In der Rubrik *Farben* der Personalisierungseinstellungen können Sie eine von mehreren vorgefertigten Farben für die Rahmengestaltung auswählen. Die jeweilige Wirkung erkennen Sie direkt darüber in der Vorschau.

2 Schalten Sie die Option *Automatisch eine Akzentfarbe aus meinem Hintergrund auswählen* auf *Ein*, wählt Windows die Farbe für Rahmen und Menüs automatisch in einer geeigneten Kontrastfarbe zum Hintergrund.

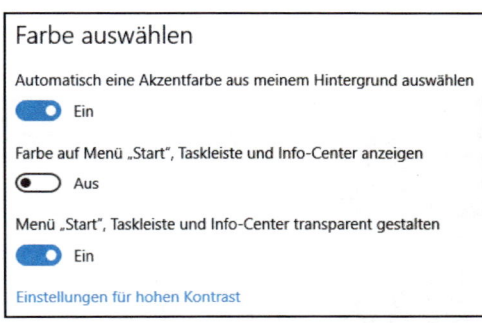

3 Alternativ lassen Sie die Option aus und wählen aus den vorgegebenen Farben eine aus.

4 Soll die gewählte oder automatisch ermittelte Farbe auch für Startmenü, Taskleiste und Info-Center verwendet werden, aktivieren Sie die entsprechende Option. Zusätzlich können Sie für diese Elemente mit der untersten Option einen Transparenzeffekt aktivieren.

Den Sperrbildschirm als Schutz und schnellen Überblick nutzen

Der Sperrbildschirm wird nach dem Einschalten des PCs angezeigt oder wenn das Gerät sich aufgrund der Energiespareinstellungen automatisch in den Energiesparmodus begeben hat. Ebenso können Sie den Sperrbildschirm jederzeit gezielt aktivieren, indem Sie im Startmenü oben

rechts auf Ihren Benutzernamen tippen oder klicken und im so geöffneten Menü *Sperren* wählen.

Durch den Sperrbildschirm wird sichergestellt, dass nicht irgendjemand
anders Ihren PC reaktivieren und Zugang zu Ihren Daten erhalten kann.
Außerdem kann er Ihnen wichtige Informationen und Funktionen bereit-
stellen, die Sie abrufen können, ohne sich jeweils erst anmelden zu müssen. Er lässt sich über verschiedene Optionen individuell gestalten. So
können Sie ein eigenes Hintergrundbild dafür festlegen:

1 Öffnen Sie in den PC-Einstellungen den Bereich *Personalisierung/Sperr-
bildschirm*.

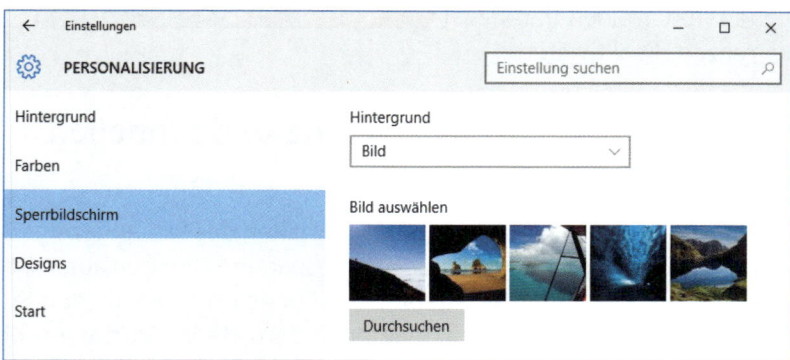

2 Hier können Sie rechts ein Bild für den Hintergrund des Sperrbildschirms auswählen. Windows schlägt ein paar passende Bilder direkt vor, die Sie einfach antippen können.

3 Sie können mit *Durchsuchen* aber auch ein eigenes Bild verwenden, das Sie auf dem PC gespeichert haben. Verwenden Sie dabei möglichst ein Bild, das der Bildschirmauflösung entspricht.

Den Sperrbildschirm mit einer Diashow dynamisch gestalten

Wenn Sie auf Ihrem PC ohnehin Bilder gespeichert haben, ist eine Diashow eine gute Alternative zu einem einzigen starren Bild.

1 Wählen Sie in den Sperrbildschirm-Einstellungen dazu bei *Hintergrund* die Option *Diashow*.

2 Standardmäßig greift diese Funktion auf die Bilderbibliothek zurück. Sie können mit *Ordner hinzufügen* aber auch einen eigenen Ordner angeben. Die bereits vorhandenen Ordner können entfernt werden, indem Sie den Eintrag anklicken und dann *Entfernen* wählen.

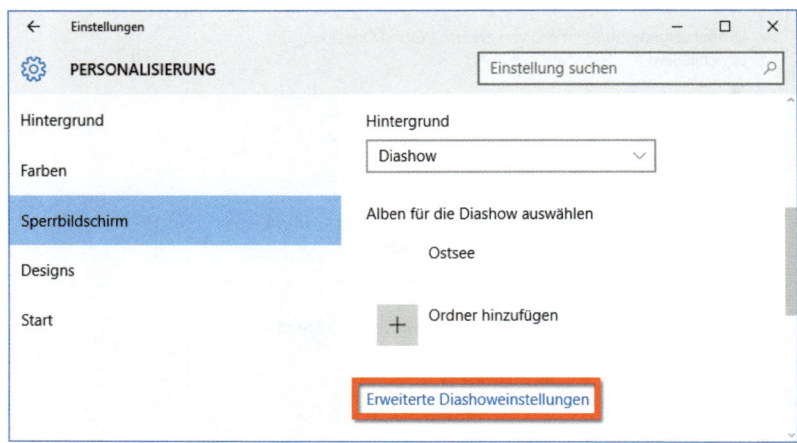

3 Darunter können Sie mit dem Link *Erweiterte Diashoweinstellungen* weitere Optionen für den genauen Ablauf der Bildershow öffnen.

■ Mit der obersten Option können Sie bei einem Gerät mit eingebauter Kamera die damit erstellten Aufnahmen der Diashow hinzufügen, sowohl lokal als auch in der Cloud gespeicherte Bilder.

■ Sinnvoll für ungetrübtes Bilderguckvergnügen ist die Option *Nur Bilder verwenden, die auf meinen Bildschirm passen*. Dann werden Bilder in der Sammlung mit unpassender Größe oder falschen Dimensionen automatisch übergangen.

■ Wird der Sperrbildschirm angezeigt, schaltet der PC den Bildschirm üblicherweise nach kurzer Zeit ab. Um das zu verhindern, aktivieren Sie die Option *Bei inaktivem PC Sperrbildschirm anzeigen und Bildschirm nicht ausschalten*.

■ Damit das Ganze aber nun auch nicht ewig läuft, können Sie darunter einen maximalen Zeitraum für die Diashow angeben. Danach wird der Bildschirm abgeschaltet.

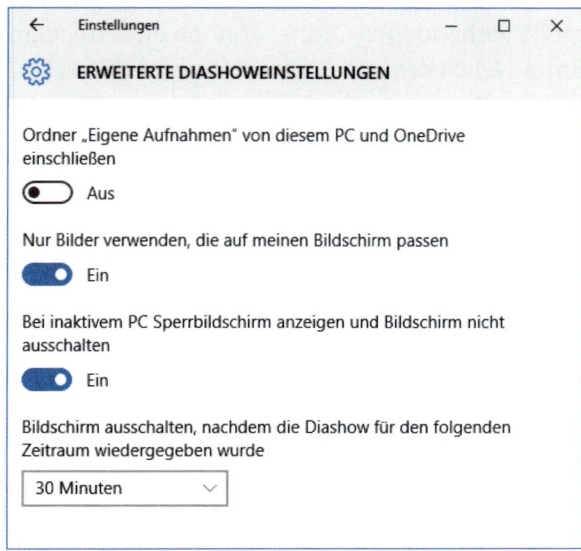

Ausgewählte Informationen auf dem Sperrbildschirm anzeigen lassen

Der Sperrbildschirm kann nicht nur „gut aussehen", er kann auch wichtige Informationen liefern, wenn Sie bestimmten Apps erlauben, Statusinformationen und Benachrichtigungen anzuzeigen.

1 Dazu können Sie im unteren Bereich der Sperrbildschirm-Einstellungen (siehe oben) zunächst eine App festlegen, die auf dem Sperrbildschirm ausführliche Infos anzeigen darf. Klicken Sie auf das Symbol darunter, um zu sehen, welche 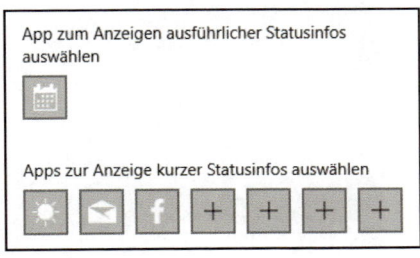 Apps dafür zur Auswahl stehen. Diese eine App darf detaillierte Informationen auf dem Sperrbildschirm anzeigen, etwa den nächsten Termin im Kalender mit Uhrzeit und Bezeichnung.

2 Darunter können Sie mehrere Apps für das Anzeigen kurzer Statusinfos auswählen. Diese zeigen dann nur ein Symbol auf dem Sperrbildschirm, etwa eine Sonne für gutes Wetter oder ein Mail-Symbol, wenn neue Nachrichten vorliegen.

3 Durch Antippen der freien Plussymbole können Sie weitere Apps hinzufügen. In der so geöffneten Liste finden Sie alle installierten Apps, die diese Funktion unterstützen. Auch Apps, die Sie aus dem Windows Store installiert haben, werden also hier aufgeführt, sofern sie dafür geeignet sind.

4 Um eine der Apps wieder vom Sperrbildschirm zu entfernen, tippen Sie auf ihr Symbol und wählen in der Liste dann entweder eine andere App oder ganz oben den Menüpunkt *Kein* aus.

Am Sperrbildschirm per PIN-Code anmelden

PIN-Codes sind vom Smartphone, der EC-Karte und ähnlichen Objekten mit Schutzbedarf bekannt. Ihr wesentlicher Vorteil gegenüber einem klassischen Passwort: Man braucht nur zehn Zifferntasten anstelle einer kompletten Tastatur. Dieses Ziffernfeld zeigt Windows automatisch auf dem Bildschirm an, sodass man auf diese Weise wesentlich komfortabler entsperren kann.

1 Um das Entsperren per PIN einzustellen, öffnen Sie in den Einstellungen den Bereich *Konten/Anmeldeoptionen*.

2 Klicken oder tippen Sie hier bei *PIN* auf *Hinzufügen*.

3 Geben Sie dann zur Bestätigung des Vorgangs einmal Ihr Benutzerkennwort ein.

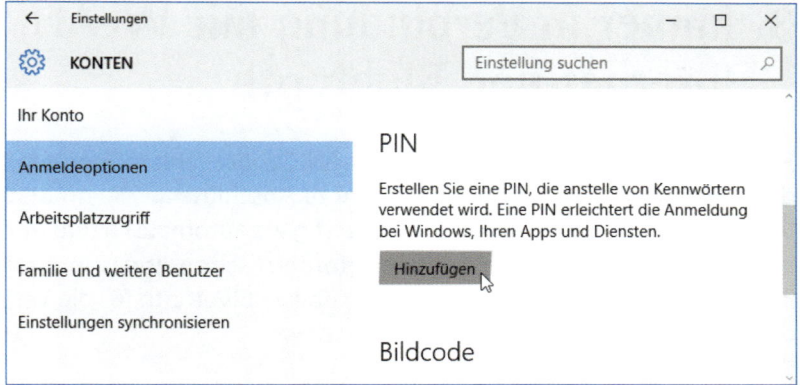

4 Nun können Sie die PIN-Nummer, mit der Sie sich anmelden möchten, eintippen. Und das gleich noch ein zweites Mal zur Bestätigung.

Wenn Sie sich nun auf dem Sperrbildschirm anmelden möchten, wird anstelle des Kennworts die PIN abgefragt. Wenn Sie in das Eingabefeld tippen, wird automatisch eine numerische Bildschirmtastatur angezeigt. Hier tippen Sie einfach die Ziffern Ihrer PIN ein. Nach der letzten (korrekten!) Ziffer wird das Gerät sofort entsperrt. Ein ⏎ am Ende wie beim Kennwort ist nicht erforderlich.

3. Immer in Verbindung mit WLAN, Internet und Bluetooth

Für sich allein sind die Möglichkeiten eines PCs oder Tablets begrenzt. Erst durch Netzwerk und Internet bekommt er Anschluss an die große weite Welt. Per Kabelnetzwerk geht das meist ganz automatisch und unproblematisch. Drahtlosverbindungen erfordern schon etwas mehr vom Benutzer. Aber auch andere Technologien wie Bluetooth für die Verbindung mit Zusatzgeräten beherrscht Windows.

Mit dem Netzwerk- und Freigabecenter alle Verbindungen im Blick

Wie schon bei früheren Windows-Versionen sorgt das Netzwerk- und Freigabecenter mit einem praktischen Symbol im Infobereich als zentrale Anlaufstelle für alles, was mit Netzverbindungen zu tun hat.

1 Sie erreichen das Netzwerk- und Freigabecenter z. B. über die klassische Systemsteuerung im Bereich *Netzwerk und Inter-* 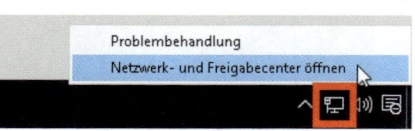 *net*. Häufig gibt es aber auch eine Abkürzung an Stellen, an denen der Weg ins Netzwerk- und Freigabecenter naheliegend ist. Außerdem zeigt Windows standardmäßig ein Symbol für den Netzwerkstatus im Infobereich an. Klicken Sie mit der rechten Maustaste darauf und wählen Sie im Menü dann *Netzwerk- und Freigabecenter öffnen*.

2 Im Netzwerk- und Freigabecenter finden Sie rechts in der oberen Hälfte die Informationen zum aktiven Netzwerk. Wichtig ist hier z. B. der Typ des Netzwerks (also z. B. *Privates Netzwerk*). Bei *Zugriffstyp* sehen Sie, ob Sie auf lokale Ressourcen und/oder das Internet zugreifen können. *Verbindungen* gibt die physische Komponente an, die dieses Netzwerk benutzt, also z. B. eine Ethernet-Verbindung oder einen WLAN-Adapter.

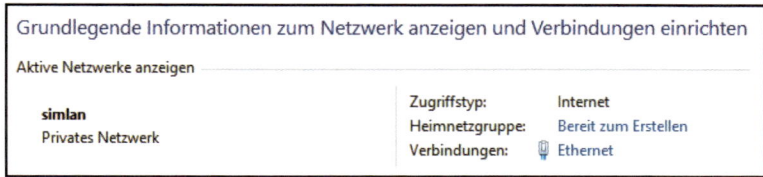

3 Im Bereich *Netzwerkeinstellungen ändern* sehen Sie die wichtigsten Aufgabenbereiche rund um Netzwerkverbindungen.

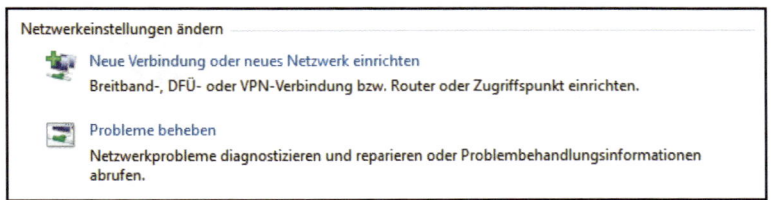

4 In der Navigationsleiste am linken Rand des Netzwerk- und Freigabecenters finden Sie Verknüpfungen zu den wichtigsten weiteren Netzwerkeinstellungen.

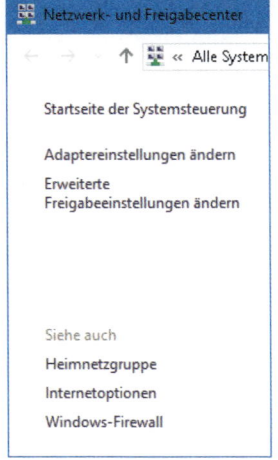

5 Ein Klick darauf öffnet den entsprechenden Konfigurationsdialog oder Assistenten. So öffnen Sie etwa mit *Adaptereinstellungen ändern* eine Liste der hardwaremäßig vorhandenen Netzwerkverbindungen, also die eingebauten bzw. angeschlossenen Ethernet- oder WLAN-Adapter.

6 Wird der neue Dialog nicht in einem neuen Fenster angezeigt, sondern verdrängt das Netzwerk- und Freigabecenter vom Bildschirm, können Sie nach erledigter Aufgabe immer oben links auf die *Zurück*-Schaltfläche klicken, um direkt ins Netzwerk- und Freigabecenter zurückzukehren.

Per WLAN drahtlose Verbindungen aufbauen

Drahtlose Netzwerke per WLAN ermöglichen den Verzicht auf aufwendige und/oder störende Verkabelungen zwischen den Geräten und sind nicht zuletzt deshalb schnell und einfach eingerichtet. Windows unterstützt Sie dabei nach Kräften. So können Sie mit Ihrem PC den Kontakt nicht nur zu einem WLAN-Netz herstellen, sondern bei Bedarf auch zu verschiedenen wechselnden Netzen.

1 Erkennt Windows das Vorhandensein eines Drahtlosnetzwerks, versucht es, automatisch eine Verbindung damit herzustellen. Sie erken-
nen das an der geänderten Netzwerkanzeige im Infobereich.

2 Mit einem Klick auf dieses Symbol öffnen Sie den Netzwerkstatus am rechten Bildschirmrand. Hier sind alle Drahtlosverbindungen aufgeführt, die momentan zur Verfügung stehen. Tippen Sie auf das Netzwerk, das Sie verwenden möchten. Wenn die Verbindung bereits besteht, brauchen Sie die weiteren Schritte nicht durchzuführen, sondern können sofort weiterarbeiten.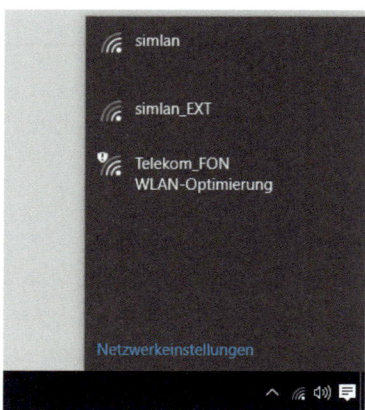

3 Ist der Eintrag mit einer *Verbinden*-Schaltfläche versehen, können Sie darauf tippen, um die Verbindung herzustellen. Wenn Sie zuvor die Op-
tion *Automatisch verbinden* anhaken, stellt Windows diese Verbindung zukünftig automatisch her, wenn dieses Netzwerk in Reichweite ist.

4 Handelt es sich um ein verschlüsseltes WLAN, fragt der Assistent nach dem Netzwerksicherheitsschlüssel für die Verschlüsselung. Wenn der

WLAN-Router dies unterstützt, können Sie nun auch eine entsprechende Taste am Router drücken und so den Zugang Ihres Tablet-PCs zu diesem Drahtlosnetzwerk autorisieren.

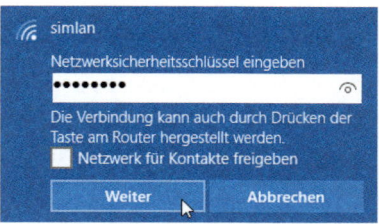

5 Der Assistent versucht jetzt, mit den gewählten Parametern eine Verbindung zum WLAN-Funknetzwerk aufzubauen. Ob das gelingt, hängt nicht nur vom korrekten Kennwort ab, sondern auch von anderen Faktoren wie der Reichweite des Netzes, dem verwendeten Funkstandard sowie eventuellen weiteren Sicherheitsmaßnahmen wie z. B. Zugangssperren anhand von Hardwareadressen (MAC-Adresse).

6 Konnte die Verbindung hergestellt werden, geben Sie an, wie Sie es bei diesem Netzwerk mit der Sichtbarkeit Ihres PCs für andere Teilnehmer halten möchten. Verbinden Sie sich mit einem öffentlichen Netzwerk, empfiehlt sich, aus Sicherheitsgründen *Nein* zu wählen.

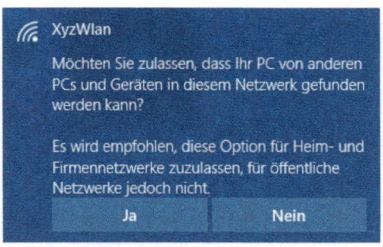

7 Konnte die Verbindung erfolgreich hergestellt werden, wird das Empfangssymbol in der Taskleiste ohne Einschränkung angezeigt. Wenn Sie darauf klicken, sehen Sie in der Verbindungsübersicht beim Eintrag dieses Netzwerks die Meldung *Verbunden*.

Kontakt zu einem WLAN ohne Kennung aufnehmen

Wenn ein vorhandenes WLAN nicht in der Empfangsliste angezeigt wird, kann das rein technische Ursachen haben, wenn etwa die Entfernung zwischen Sender und Empfänger zu groß ist. Dies lässt sich dann nur durch räumliche Veränderungen oder durch Optimieren der Sende- und Empfangsleistung der beiden Komponenten ändern. Das Problem kann aber auch in der Konfiguration des Drahtlosnetzwerks liegen. Wenn dieses so eingestellt ist, dass es seine Sendekennung SSID standardmäßig versteckt, antwortet es nicht auf die Kontaktversuche Ihres PCs. In solchen Fällen müssen Sie dem kontaktsuchenden PC die SSID des WLANs mitteilen. Wenn er sie kennt, kann er Kontakt zum WLAN aufnehmen und erhält dann auch eine Antwort.

1 Öffnen Sie das Netzwerk- und Freigabecenter und klicken Sie dort im Bereich *Netzwerkeinstellungen ändern* auf *Neue Verbindung oder neues Netzwerk einrichten*.

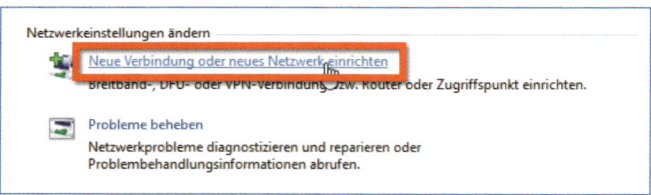

2 Wählen Sie im nächsten Schritt die Variante *Manuell mit einem Funknetzwerk verbinden* aus und klicken Sie auf *Weiter*.

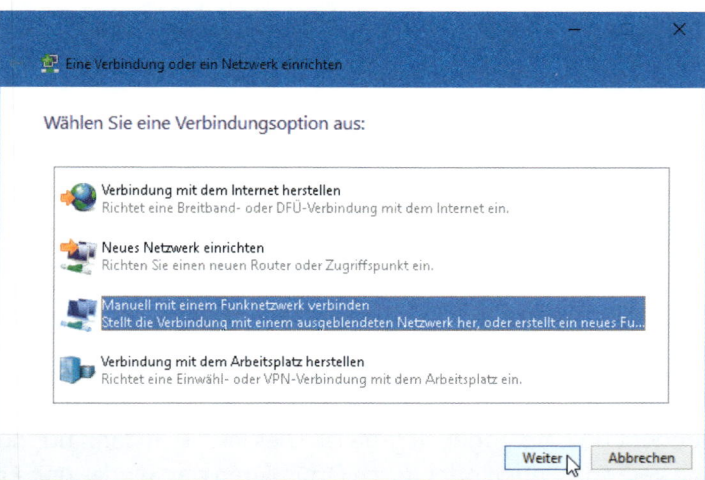

3 Geben Sie anschließend die Daten für den WLAN-Zugang so an, wie Sie sie vom Betreiber erhalten haben. Ganz oben bei *Netzwerkname* geben Sie dabei die SSID des WLANs an.

4 Aktivieren Sie dann ganz unten die Option *Verbinden, selbst wenn das Netzwerk keine Kennung aussendet*.

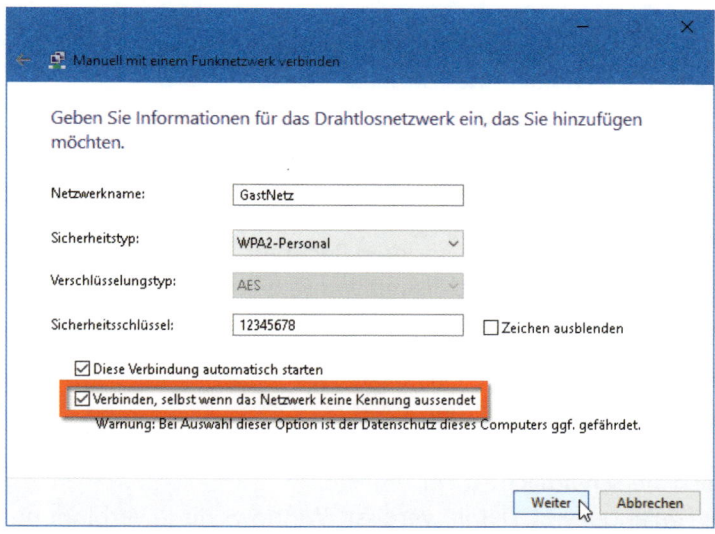

5 Klicken Sie schließlich unten auf *Weiter*, um die Verbindung hinzuzufügen, und beenden Sie den Assistenten mit *Schließen*.

WLAN-Verbindungen entfernen

Um einen einmal eingerichteten WLAN-Zugang zu löschen, gibt es bei Windows eine kleine Übersicht der bislang verwendeten WLAN-Verbindungen. Dort können Sie auch die Verbindungsdaten für ein Drahtlosnetzwerk „vergessen". Dabei ist es belanglos, ob dieses WLAN gerade in Reichweite ist oder nicht.

1 Klicken Sie in der Netzwerkübersicht am rechten Bildschirmrand unten auf *Netzwerkeinstellungen*. Dadurch gelangen Sie in die WLAN-Optionen der PC-Einstellungen.

2 Hier finden Sie eine Liste der aktuell erreichbaren WLANs und darunter den Link *WLAN-Einstellungen verwalten*.

3 Diese umfassen unter der Überschrift *Bekannte Netzwerke verwalten* eine Liste aller Drahtlosnetzwerke, mit denen Sie bislang verbunden waren. Nur falls Sie sich über den Umfang wundern: Wenn Sie sich mit einem Microsoft-Konto angemeldet haben, finden Sie hier auch alle Verbindungen, die Sie mit anderen Rechnern hergestellt haben, während Sie mit demselben Microsoft-Konto dort angemeldet waren.

4 Hier können Sie einzelne Einträge anklicken. Diese werden dann hervorgehoben und zusätzlich die Schaltfläche *Nicht*

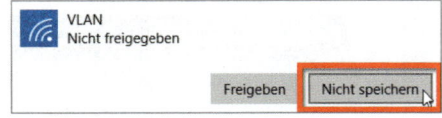

speichern angezeigt. Damit „vergisst" Windows diese Verbindung sofort, sie wird nicht mehr in der Liste angezeigt und der PC kann sich nicht mehr bei diesem Netzwerk anmelden.

WLAN-Passwörter ändern

Ein Weg, das Passwort einer bestehenden WLAN-Verbindung zu ändern, ist bei Windows zwar vorgesehen, aber er funktioniert nur, solange man mit diesem Netzwerk verbunden ist (siehe im nachfolgenden Abschnitt die Sicherheitseinstellungen). In der Praxis wird man diesen Weg aber nur selten gehen können. Die einfache Vorgehensweise in diesem Fall: Die WLAN-Verbindung löschen und anschließend mit dem neuen Passwort neu einrichten.

Die WLAN-Einstellungen für verschiedene Standorte schnell und bequem wechseln

Wenn Sie nicht nur mit einem (Drahtlos-)Netzwerk arbeiten, sondern regelmäßig verschiedene Netzwerke nutzen, kommt Windows Ihnen entgegen. So können Sie auf die beschriebene Weise die Zugangsdaten beliebig vieler Drahtlosnetzwerke hinterlegen.

Problematisch könnte es nur werden, wenn Sie sich in der Reichweite mehrerer Drahtlosnetze befinden. In solchen Fällen können Sie über die Verbindungseigenschaften festlegen, welches Netzwerk im Zweifelsfall den Vorrang erhalten soll, wenn mehrere Zugänge infrage kommen.

1 Öffnen Sie das *Netzwerk- und Freigabecenter* und klicken Sie dort am linken Rand oben auf *Adaptereinstellungen ändern*.

2 Damit sehen Sie eine Liste aller Netzwerkverbindungen. Unter *WiFi* ist das Funknetzwerk aufgeführt, mit dem Sie gerade verbunden sind. Öffnen Sie es mit einem Doppelklick.

3 Klicken Sie im anschließenden Menü auf *Drahtloseigenschaften*.

4 Auf der Registerkarte *Verbindung* finden Sie die Informationen zu diesem Drahtlosnetzwerk sowie Optionen, die im Zusammenspiel die automatische Verbindung mit Netzwerken regeln:

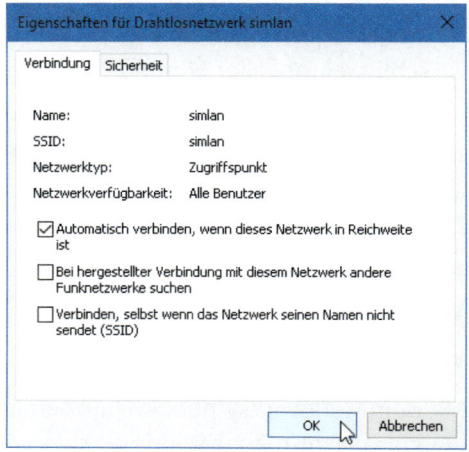

- Die Option *Automatisch verbinden, wenn dieses Netzwerk in Reich-weite ist* sorgt dafür, dass die Verbindung mit einem anderen Netzwerk gegebenenfalls abgebrochen wird, wenn dieses WLAN in Reichweite kommt.

- Soll die Verbindung zu diesem Netzwerk unter allen Umständen so lange wie möglich beibehalten werden, schalten Sie die Option *Bei hergestellter Verbindung mit diesem Netzwerk andere Funknetzwerke suchen* aus.

- Die untere Option *Verbinden, selbst wenn das Netzwerk seinen Namen nicht sendet (SSID)* ist für Netzwerke interessant, die keine Kennung ausstrahlen (siehe Seite 55).

Idealerweise setzen Sie diese Funktion so ein, dass Sie bei bevorzugten Netzwerken die erste Option ein- und die zweite ausschalten. Dann wechselt Ihr PC immer automatisch zu einem bevorzugten Netzwerk, wenn eines in Reichweite kommt. Bei anderen Verbindungen würde ich diese Einstellung genau umkehren, sodass diese Netzwerke wirklich nur dann angewählt werden, wenn keine anderen verfügbar sind.

5 Auf der Registerkarte *Sicherheit* finden Sie Einstellungsmöglichkeiten zur Verschlüsselung. Hier können Sie Korrekturen vornehmen, falls sich die WLAN-Konfiguration geändert hat.

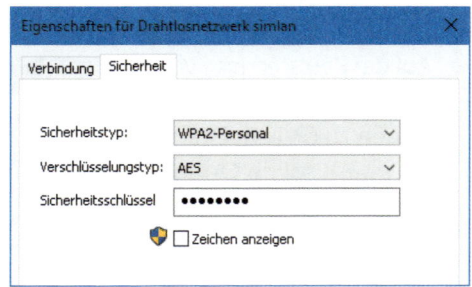

Wechselnde Netzwerke per Infobereichsymbol wählen

Mit dem Netzwerksymbol im Infobereich und der dazugehörigen Netzwerkübersicht macht Windows den Wechsel zwischen verschiedenen

Netzwerken einfacher als jemals zuvor. Selbst per Touchscreen können Sie mit wenigen Tippern zu einem anderen Netz wechseln. Und so geht es:

1 Tippen bzw. klicken Sie auf das Netzwerksymbol im Infobereich.

2 In der Verbindungsübersicht sehen Sie nun, welche Netzwerke momentan in Reichweite sind. Das aktuell verwendete steht üblicherweise ganz oben und ist mit dem Zusatz *Verbunden* versehen.

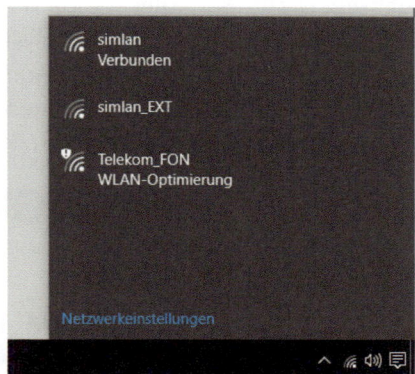

3 Um zu einer anderen Verbindung zu wechseln, tippen Sie auf den dazugehörenden Eintrag in der Liste.

4 Hier können Sie nun auf *Verbinden* tippen, um zu dieser Verbindung zu wechseln.

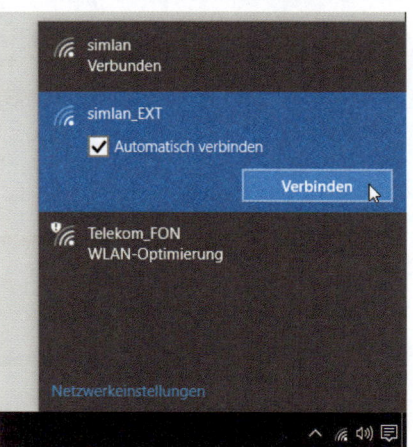

5 Windows beendet dann eine eventuell bislang aktive Verbindung und stellt an deren Stelle die ausgewählte Verbindung her.

6 Mit der Option *Automatisch verbinden* sorgen Sie dafür, dass die Verbindung zu diesem Zugangspunkt in Zukunft automatisch hergestellt wird, wenn er sich in Reichweite befindet. Bei mehreren verfügbaren Netzwerken gelten die Regeln aus dem vorangegangenen Abschnitt.

Mehr Akkulaufzeit bei WLAN-Verbindungen mit mobilen PCs

Notebooks und Tablet-PCs verwenden meist WLAN für den Netzwerkzugang. Dabei spielt die Akkulaufzeit eine wichtige Rolle, denn Windows betreibt Drahtlosadapter standardmäßig mit relativ hoher Sendeleistung. Das ist ärgerlich, denn in vielen Fällen wäre das gar nicht nötig, und die WLAN-Verbindung würde mit geringerem Stromverbrauch genauso gut zustande kommen. Deshalb sollten Sie unbedingt ausprobieren, ob Sie diese Standardeinstellung ändern können:

1 Öffnen Sie in der klassischen Systemsteuerung die *Energieoptionen* und wählen Sie dort den Energiesparplan, der beim mobilen Einsatz üblicherweise verwendet wird (z. B. *Energiesparmodus*).

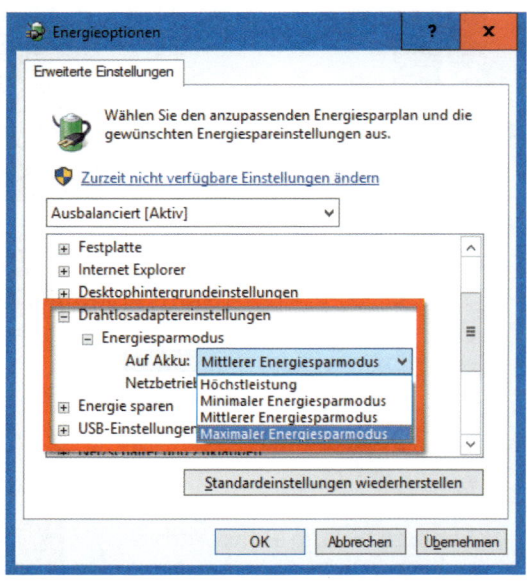

2 Klicken Sie bei diesem Eintrag auf *Energiesparplaneinstellungen ändern* und anschließend auf *Erweiterte Energieeinstellungen ändern*.

3 Suchen Sie in der Liste der Einstellungen die Option *Drahtlosadaptereinstellungen/Energiesparmodus/Auf Akku* und wählen Sie hier einen Energiesparmodus aus.

Am meisten Strom sparen Sie mit *Maximaler Energiesparmodus*, aber testen Sie besser erst mal, ob die WLAN-Verbindung damit immer noch uneingeschränkt genutzt werden kann. Ansonsten probieren Sie die anderen Einstellungen aus.

Hardware drahtlos per Bluetooth einbinden

Drahtlose Verbindungen per Bluetooth werden von immer mehr Geräten verwendet. Dies gilt nicht nur für Smartphones und PDAs, die so mit einem PC synchronisiert werden können, auch Headsets, Tastaturen oder GPS-Empfänger verwenden den Kurzstreckendrahtlosfunk inzwischen praktisch als Standard. Dies klappt in der Regel auch reibungslos, wenn die Verbindung einmal richtig eingerichtet wurde.

1 Um die Verbindung zu einem Bluetooth-Gerät herzustellen, benutzen Sie das Bluetooth-Symbol im Infobereich der Startleiste. Mit einem Doppelklick öffnet es direkt den Bereich *PC und Geräte/Bluetooth* der PC-Einstellungen. Hier sind gegebenenfalls auch Geräte aufgeführt, die per Bluetooth mit Ihrem PC verbunden sind.

Kein Bluetooth-Symbol trotz vorhandener Hardware?

Ihr PC verfügt über Bluetooth-Hardware, die laut Geräte-Manager korrekt installiert ist, aber es findet sich kein Bluetooth-Symbol im Infobereich? Eventuell ist es einfach nur ausgeblendet, weil es lange Zeit nicht mehr (oder überhaupt noch nie) genutzt wurde. Klicken Sie auf das kleine Pfeilsymbol ganz links im Infobereich. Das damit geöffnete Zusatzfeld enthält die ausgeblendeten Symbole. Hier sollte sich das typische Bluetooth-Logo befinden. Durch die Benutzung wird es automatisch in den regulären Infobereich verschoben und ist vorläufig wieder dauerhaft sichtbar. Alternativ können Sie in den Eigenschaften des Infobereichs festlegen, dass dieses Symbol immer zu sehen sein soll.

2 Wenn Sie die Bluetooth-Verwaltung in den *Einstellungen* öffnen, beginnt diese automatisch, nach Bluetooth-Geräten in Reichweite zu suchen.

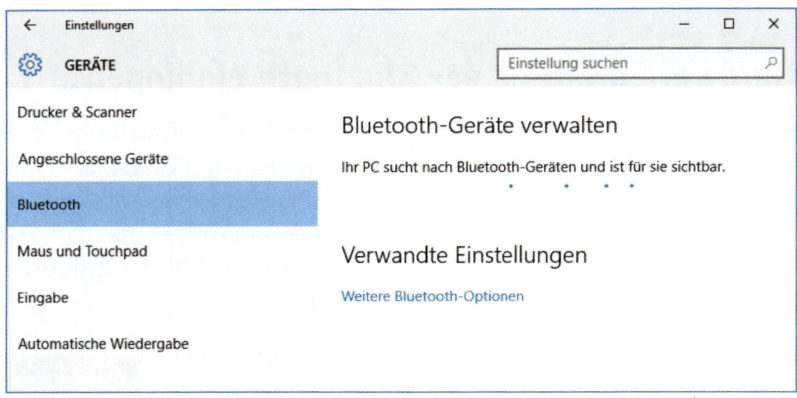

Bluetooth-Geräte müssen sichtbar sein

Um ein Gerät via Bluetooth mit dem PC zu verbinden, muss dessen Bluetooth-Funktion eingeschaltet und der Bluetooth-Modus auf sichtbar geschaltet sein. Bei speziellen Bluetooth-Geräten wie Headsets oder Tastaturen ist das in der Regel standardmäßig der Fall. Anders sieht es bei PDAs bzw. Smartphones aus. Hier muss der Bluetooth-Betrieb meist ausdrücklich aktiviert werden. Für das initiale Herstellen der Verbindung ist es außerdem unerlässlich, dass der Bluetooth-Empfänger des Mobilgerätes sichtbar geschaltet ist.

3 Sie brauchen nun nur das andere Gerät ebenfalls kopplungsbereit zu machen und kurz zu warten. Wird Windows fündig, meldet es

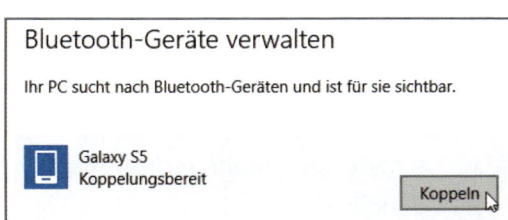

ein kopplungsbereites Gerät. Wählen Sie den Eintrag des Gerätes aus und klicken Sie dort auf *Koppeln*.

4 Windows stellt nun eine Verbindung zu dem Gerät her. Hierzu wird eine Codenummer verwendet. Meist reicht es, wenn Sie diese Nummer vergleichen und auf dem Mobilgerät sowie dem PC bestätigen. Eventuell müssen Sie auch den am PC angezeigten Code auf dem Smartphone eintippen oder umgekehrt.

5 Anschließend wird das neu verbundene Gerät auch schon in den PC-Einstellungen unter *PC und Geräte/Bluetooth* aufgeführt und kann benutzt werden.

In den meisten Fällen können Sie das Bluetooth-Gerät nun direkt nutzen, also etwa mit der Bluetooth-Tastatur tippen oder mit dem Bluetooth-Headset telefonieren oder Musik hören. Bei einigen Geräten muss allerdings auch erst eingestellt werden, wozu sie genutzt werden sollen.

4. Mit dem neuen Edge-Browser ins Internet

Eine der radikalsten Neuerungen von Windows 10 ist der komplett neu entwickelte Webbrowser Edge, der nicht nur die neuesten Webstandards und -technologien beherrscht, sondern auch beim Anzeigen selbst umfangreicher und komplexer dynamischer Webseiten deutlich schneller zu Werke geht als sein Vorgänger. Aber auch bei der Oberfläche des Webbrowsers hat sich einiges verändert – sowohl hinsichtlich der Bedienung als auch des Funktionsumfangs.

Wo ist das Adress- und Suchfeld hin?

Falls Sie sich auf den ersten Blick wundern, was aus dem Eingabefeld für Suchbegriffe und Webadressen geworden ist: Das gibt es immer noch, aber es wird nur bei Bedarf eingeblendet. Klicken Sie einfach an die Stelle, wo es eigentlich sein sollte, wenn Sie etwas eingeben möchten. Dann blendet Edge es sofort ein und nimmt Ihre Eingaben entgegen.

Der Edge-Browser passt sich mit seiner entschlackten und verschlankten Oberfläche gut in das nüchterner gewordene Windows-Design ein. Nur noch wenige Bedienelemente sollen den Anwender ablenken. Zugleich wird so dem eigentlichen Inhalt – also den angezeigten Webseiten – der maximale Platz auf dem Bildschirm eingeräumt.

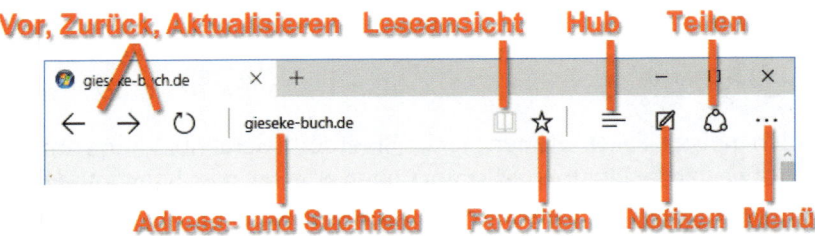

Im Wesentlichen beschränken sich die Steuerelemente auf eine schmale Zeile oben unterhalb der Register. Zur schnellen Orientierung:

- **Vor** und **Zurück** bzw. **Aktualisieren**.
- Eine Webadresse oder auch einen Suchbegriff eingeben.
- Bei umfangreicheren Texten zur **Leseansicht** wechseln.
- Eine Webseite als **Favoriten** speichern.
- Den **Hub** mit Lesezeichen, Leseliste, Verlauf und Downloads einblenden.
- **Notizen** zu Webseiten erstellen.
- **Teilen** von Webinhalten mit anderen.
- Das **Menü** für weitere Funktionen und Einstellungen öffnen.

Google als Standard in das Suchfeld integrieren

Standardmäßig verwendet der Edge-Browser für die Onlinesuche die Microsoft-eigene Bing-Suchmaschine. Wer Google für diesen Zweck bevorzugt, kann das selbstverständlich ändern. Das Suchfeld lässt sich über eine spezielle Webseite um weitere Suchdienste erweitern.

1 Öffnen Sie als Erstes die Webseite des gewünschten Suchdienstes im Edge-Browser, also etwa https://www.google.de. Dabei ist zu beachten, dass dieser Anbieter verschlüsselte Webseiten (also *https://* und die OpenSearch-1.1-Spezifikation) unterstützt, was man aber bei namhaften Anbietern voraussetzen kann).

2 Klicken Sie dann rechts oben auf das Menü-Symbol und wählen Sie im Menü den Punkt *Einstellungen*.

3 In der Einstellungsliste geht es gleich nach unten weiter zur Schaltfläche *Erweiterte Einstellungen anzeigen*.

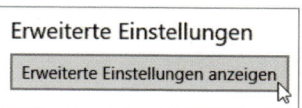

4 Suchen Sie in dieser noch längeren Liste das Auswahlfeld *In Adressleiste suchen mit* und öffnen Sie es.

5 Wählen Sie den Punkt *<Neu hin­zufügen>*.

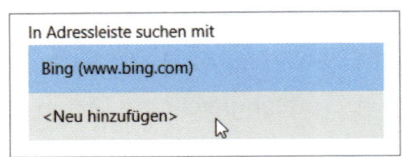

6 Wählen Sie dann den angebotenen Suchdienst aus (neue Anbieter werden hier nur angezeigt, wenn deren Suchseite gerade im Browser geöffnet ist).

7 Klicken Sie dann auf *Hinzufügen* bzw. *Als Standard hinzufügen*, wenn der neue Suchdienst ab sofort für das Suchen mit dem Adress- und Suchfeld zuständig sein soll.

8 Schließen Sie dann die Einstellungen mit einem erneuten Klick auf das Menü-Symbol.

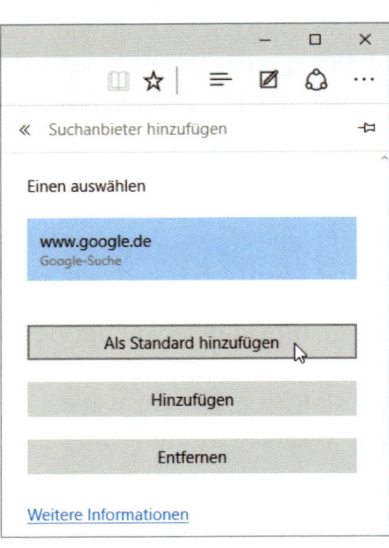

Ab sofort verwendet das Suchfeld den neu hinzugefügten Suchdienst. Zwischen eingerichteten Suchdiensten können Sie jederzeit in den erweiterten Einstellungen hin- und herwechseln.

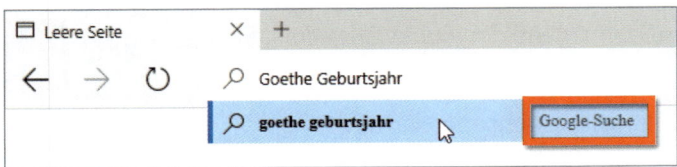

Textstellen innerhalb einer Webseite schnell finden

Mit dem Finden von Webseiten allein ist es oft noch nicht getan: Bei umfangreicheren Texten muss man meist noch die passende Stelle suchen. Beim Edge-Browser können Sie jederzeit eine Suchleiste einblenden. Sie unterstützt mit praktischen Suchhilfen, wie etwa dem farblichen Hervorheben aller Fundstellen.

1 Um die Suchfunktion zu aktivieren, drücken Sie ⌨Strg⌨+⌨F⌨ oder wählen im Menü den Punkt *Auf Seite suchen*.

2 Der Edge-Browser blendet dann eine Suchleiste oberhalb der angezeigten Webseite ein. Hier können Sie den Suchbegriff eingeben, nach dem Sie innerhalb dieser Seite suchen möchten.

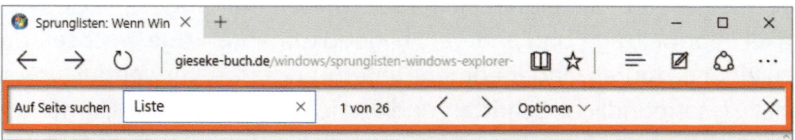

3 Der Edge-Browser markiert schon beim Tippen alle Stellen in der Webseite, an denen die bislang eingetippte Zeichenkombination vorkommt.

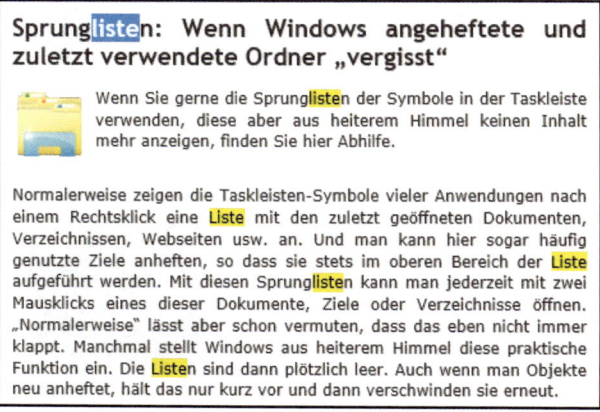

4 Mit den beiden Pfeilsymbolen können Sie die verschiedenen Fundstellen auf der Seite der Reihe nach ansteuern. Links daneben lässt sich ablesen, wie viele Fundstellen es insgesamt gibt.

5 In dem kleinen *Optionen*-Auswahlfeld können Sie die Funktionsweise der Suche steuern, etwa ob der eingegebene Suchbegriff nur als ganzes Wort gefunden werden soll oder ob Unterschiede in der Groß-/Kleinschreibung berücksichtigt werden sollen.

Die augenschonende Leseansicht für längere Texte

Direkt neben dem Suchfeld wechseln Sie mit dem Symbol für die Leseansicht (auch Strg + ⇧ + R) zu einer augenfreundlicheren Darstellung von Webseiten. Sie eignet sich insbesondere für längere Texte wie Artikel, Blogbeiträge und andere Onlinedokumente. Edge wechselt dabei zu einer dezenten, angenehmen Hintergrundfarbe, verwendet eine spezielle lesefreundliche Schriftart und verzichtet auf störende Elemente wie Werbebanner, Seitenleisten, Navigationselemente etc. Auch Bilder werden größtenteils weggelassen, wenn sie den Lesefluss stören würden.

1 Wenn bei der aktuell angezeigten Webseite eine Leseansicht zur Verfügung steht, wird das Symbol in der Adressleiste automatisch aktiviert. Klicken Sie einfach darauf, um zur Leseansicht zu wechseln.

2 Edge wandelt dann sofort die Darstellung der Seite in die Leseansicht um. Die Änderungen dürften direkt ins Auge fallen.

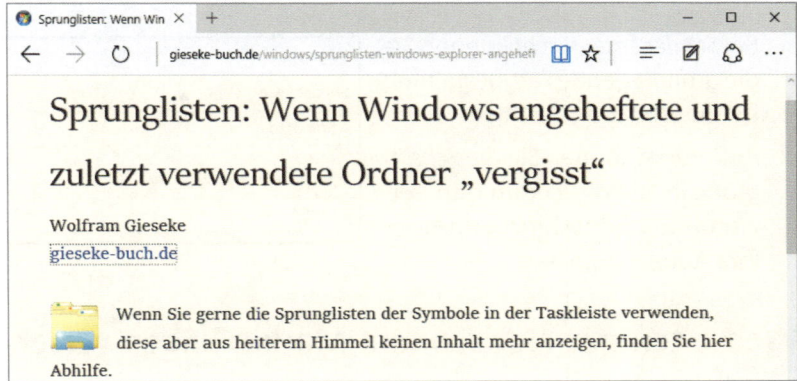

3 Sie können den Text nun nach Belieben lesen. Wollen Sie die Ansicht später verlassen, klicken Sie einfach erneut auf das Symbol. Enthält der Text Verweise auf andere Seiten, können Sie diese auch benutzen. Die Leseansicht wird beim Laden anderer Webseiten automatisch deaktiviert.

4 Sollte die Größe der Schrift nicht Ihren Vorstellungen entsprechen, können Sie wie immer im Browser [Strg]+[+] bzw. [Strg]+[-] für eine sofortige Anpassung in festen Schritten verwenden. [Strg]+[0] kehrt jederzeit zur Standardanzeige (100 %) zurück. Dauerhaft können Sie die Darstellung der Leseansicht in den Einstellungen anpassen.

> **Leseansicht nur bei textlastigen Webseiten**
>
> Der Lesemodus von Edge ist nur für Webseiten sinnvoll, die zum überwiegenden Teil aus Textinhalt bestehen. Der Browser erkennt selbstständig, wann es sich um solche Webseiten handelt, und aktiviert nur dann das Symbol für die Leseansicht.

Die Darstellung der Leseansicht lässt sich in gewissem Umfang an Ihren Bildschirm und Ihre Lesegewohnheiten anpassen. Öffnen Sie dazu die Einstellungen von Edge und suchen Sie in der Liste nach dem Bereich *Lesen*.

- Bei *Stil der Leseansicht* können Sie die grundlegende Farbgestaltung für diesen Modus wählen.

- Außerdem können Sie die *Schriftgröße in Leseansicht* an den verwendeten Bildschirm und/oder Ihre Augen anpassen.

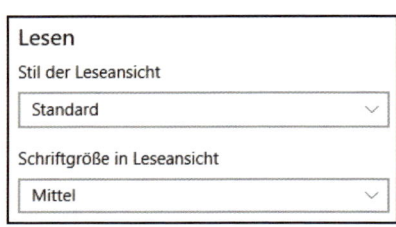

Webseiten mit Notizen und Markierungen versehen

Die wohl innovativste Funktion von Edge ist die Möglichkeit, Webseiten mit Markierungen und Notizen zu versehen. Sie können also Passagen einer Webseite unterstreichen bzw. farbig hervorheben oder Kommentare „an den Rand schreiben". Die kommentierte Fassung einer Webseite können Sie später jederzeit wieder abrufen und auch mit anderen teilen.

1 Um eine Webseite mit Anmerkungen zu versehen, klicken Sie auf das Notizsymbol in der Adressleiste.

2 Edge blendet dann anstelle der Adressleiste eine zusätzliche Symbolleiste mit den Notizfunktionen ein.

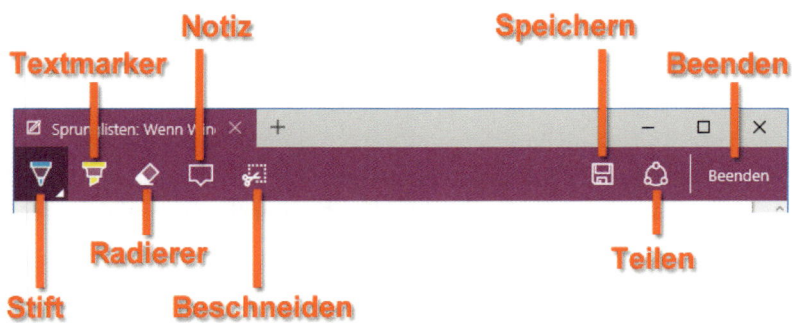

- Mit dem **Stift** können Sie Skizzen einfügen, Text unterstreichen, Pfeile einzeichnen etc.

- Mit dem **Textmarker** lassen sich wichtige Textpassagen farbig hervorheben.

- Mit dem **Radierer** können Sie zuvor eingefügte Anmerkungselemente wieder entfernen.

- **Notizen** sind in den Text eingefügte eigene Anmerkungen.

- Mit der **Beschneiden**-Funktion beschränken Sie eine umfangreiche Webseite auf den für Sie interessanten Teil.

- Mit **Speichern** bewahren Sie Ihre Notizen dauerhaft als Favoriten, in der Leseliste oder in der OneNote-App.

- Durch die **Teilen**-Funktion können Sie die Webseite einschließlich Ihrer Notizen an andere freigeben, beispielsweise per Mail oder via OneDrive.

- Mit **Beenden** schließen Sie die Notizfunktion, ohne die Ergänzungen zu speichern.

3 Um beispielsweise eine Textpassage hervorzuheben, wählen Sie das Textmarker-Werkzeug. Dann können Sie mit gedrückter linker Maustaste den Text entlangfahren, den Sie hervorheben möchten. Sehr gut geht dies auch bei einem Touchbildschirm, wenn Sie den Text einfach mit der Fingerspitze abfahren.

> Wichtig: Im vorangehend beschriebenen Ordner sind die automatisch erstellten Sprunglisten für „Zuletzt verwendet" oder ähnlich gespeichert. Die individuell angelegten Sprunglisten mit selbst angehefteten Ordner finden Sie statt dessen im Ordner `%APPDATA%` `\Microsoft\Windows\Recent\CustomDestinations` den Sie genau wie vorangehend beschrieben öffnen und bearbeiten können. Bei Problemen sollte man am Besten immer beide Ordner kontrollieren.

4 Um eine eigene Anmerkung einzufügen, verwenden Sie das Notizwerkzeug und tippen damit an die Textstelle, zu der Sie etwas anmerken möchten.

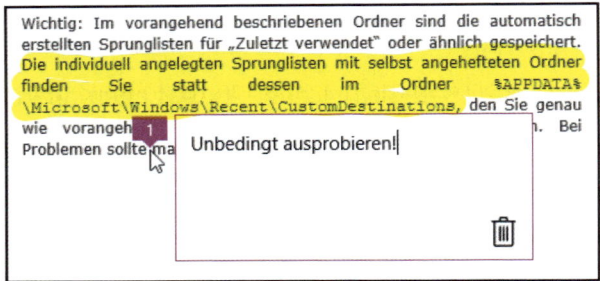

5 Nach dem Einfügen Ihrer Anmerkungen sollten Sie diese sichern. Klicken Sie dazu auf das
Speichern-Symbol.

6 Sie können dann wählen, ob Sie diese Webseite mit Anmerkungen in
OneNote, als Favoriten oder in Ihrer Leseliste ablegen möchten. Außerdem können Sie den Namen für die zu speichernde Webseite ändern. Klicken Sie dann unten auf *Senden* bzw. *Hinzufügen*.

Spannende Webinhalte mit anderen teilen

Wenn Sie im Web auf spannende Informationen stoßen, die Sie gern mit anderen teilen möchten, geht das ganz unkompliziert mit der *Teilen*-Funktion von Windows. Diese ist auch in Edge integriert. Sie bietet eine Schnittstelle zu anderen Apps, über die die Adresse der aktuell angezeigten Webseite schnell und einfach übermittelt werden kann.

1 Um die aktuell angezeigte Webseite weiterzugeben, klicken Sie einfach auf das *Teilen*-Symbol in der Adressleiste.

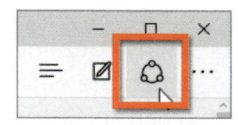

2 Damit blenden Sie am rechten Bildschirmrand die *Teilen*-Leiste ein. Diese enthält einen Eintrag für jede App, die mit dieser Art von Inhalt (in dem Fall also eine Webseite) etwas anfangen kann. Standardmäßig sind das zumindest die mitgelieferten Apps *Leseliste*, *Mail* und *OneNote*. Wenn Sie weitere Apps installieren, tragen diese sich gegebenenfalls aber auch in diese Liste ein.

3 Mit dem Auswahlfeld ganz oben können Sie entscheiden, ob Sie die Adresse der Webseite oder ein Bildschirmfoto der aktuellen Browserseite teilen möchten. Ein Foto hat den Vorteil, dass es genau den Ausschnitt der Seite zeigen kann, den Sie verbreiten oder aufbewahren möchten. Außerdem „friert" es den Inhalt ein. Teilen Sie stattdessen die Adresse,

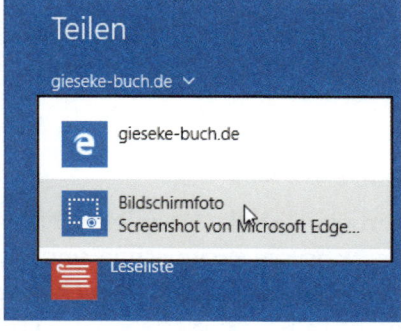

kann es sein, dass der Inhalt der Seite sich zwischenzeitlich verändert.

4 Klicken Sie dann die gewünschte App in der Liste an und warten Sie, bis der Browser Ihren Wunsch verarbeitet hat. In der Regel wird die App dann im Seitenbereich angezeigt. Hier sehen Sie eine Vorschau auf das erstellte Element. Teilweise müssen oder können Sie auch noch Angaben ergänzen, wie etwa bei E-Mails die Empfängeradresse und den Betreff.

5 Klicken Sie dann oben rechts in der Vorschau auf die Schaltfläche, die je nach App mit *Senden*, *Hinzufügen*, *Speichern* oder ähnlich beschriftet ist, um den Teilen-Vorgang abzuschließen. Die Seitenleiste wird dann ausgeblendet und Sie kehren zum Browser zurück.

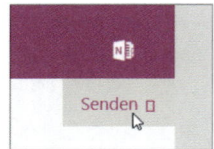

Mit dem Hub schnell zu Lesezeichen, Verlauf und Downloads

Um die Oberfläche zu entschlacken, sind beim Edge-Browser einige Bereiche, die zwar wichtig sind, aber nicht ständig benötigt werden, in den Hub ausgelagert. Dabei handelt es sich um einen Seitenbereich innerhalb des Browserfensters, den Sie vorübergehend oder auf Wunsch auch dauerhaft einblenden können.

1 Um den Hub vorübergehend anzuzeigen, klicken Sie in der Adressleiste auf das *Hub*-Symbol.

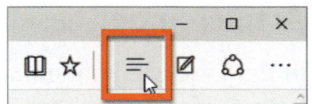

2 Der Edge-Browser blendet daraufhin eine Seitenleiste am rechten Fensterrand ein.

3 Hier können Sie ganz oben die gewünschten Inhaltskategorien auswählen, von links nach rechts stehen die Symbole für

- Favoriten,
- Leseliste,
- Verlauf sowie
- Downloads.

4 Innerhalb der Kategorien werden dann die dazugehörenden Inhalte angezeigt, also etwa die Liste der Favoriten, die letzten Einträge des Browserverlaufs und so weiter.

5 Wenn Sie einen konkreten Eintrag anklicken, der dann im Browser angezeigt wird, blendet Edge den Hub-Seitenbereich automatisch wieder aus.

Die Hub-Seitenleiste dauerhaft anzeigen

Wenn Sie den Hub häufig nutzen und einen breiten Bildschirm verwenden, möchten Sie die Seitenleiste vielleicht ständig angezeigt haben, um jederzeit schnell darauf zugreifen zu können? Klicken Sie dazu auf das *Anheften*-Symbol oben rechts in der Seitenleiste. Sie bleibt dann dauerhaft so lange eingeblendet, bis Sie das Anheften rückgängig machen.

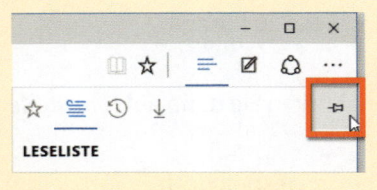

Artikel in der Leseliste für späteres Lesen vormerken

In der Leseliste können Sie interessante Inhalte vormerken, auf die Sie beim Surfen durchs Web gestoßen sind und die Sie sich zu einem späteren Zeitpunkt in aller Ruhe durchlesen bzw. ansehen möchten. Die Leselisten-Funktion ist eng mit der mitgelieferten Leseliste-App verknüpft. Alles, was Sie mit Edge in der Leseliste ablegen, landet automatisch auch in der Leseliste-App (siehe Seite 79). Um eine Webseite in der Leseliste zu speichern, gehen Sie wie folgt vor:

1 Öffnen Sie die Webseite, sodass sie im Browserfenster dargestellt wird, und klicken Sie dann in der Adressleiste auf das Sternsymbol.

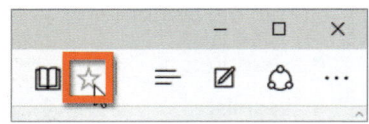

2 Der Edge-Browser zeigt dann einen Dialog an, in dem Sie oben zunächst *Leseliste* als Ziel wählen.

3 Als *Name* wird standardmäßig der Titel der Webseite vorgeschlagen. Sie können hier aber auch einen beliebigen anderen Text angeben. Gerade bei längeren Titeln empfiehlt es sich, diese zu kürzen.

4 Klicken Sie dann auf *Hinzufügen*.

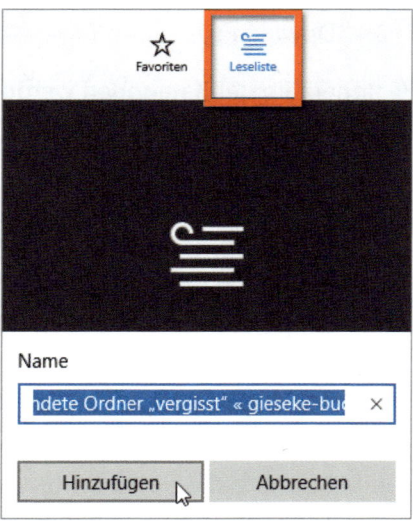

Die so gespeicherten Webseiten können Sie über den Hub im Bereich *Leseliste* abrufen, aber auch ebenso über die eigenständige App *Leseliste*.

Vorgemerkte Webseiten in der Leseliste-App lesen

Die mitgelieferte App *Leseliste* ist mit dem Edge-Browser verbunden. Merken Sie sich Webseiten im Browser für das spätere Lesen, landen diese automatisch auch in der App, mit der Sie bequem beispielsweise auch auf einem Tablet per Touch schmökern können. Verwenden Sie für PC und  Tablet dasselbe Microsoft-Konto bei der Anmeldung, können Sie sogar am PC Texte vormerken und finden diese dank Synchronisierung später auch auf dem Tablet vor.

1 Öffnen Sie die Leseliste-App im Startmenü.

2 Auf der Übersichtsseite der App sehen Sie die Artikel, die Sie sich für späteres Lesen vorgemerkt hatten.

3 Klicken bzw. tippen Sie einen der Artikel zum Lesen an.

4 Der Artikel wird dann im Webbrowser geöffnet und angezeigt.

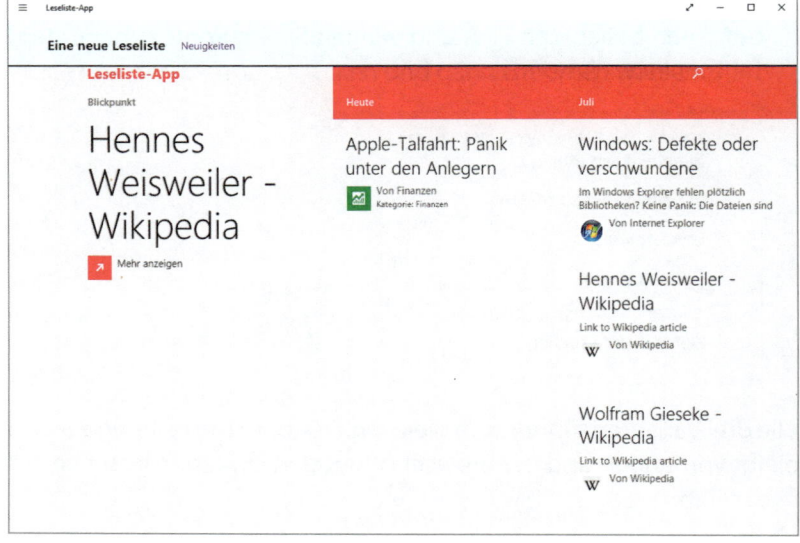

Mit Tabs mehrere Webseiten gleichzeitig besuchen

Das parallele Surfen auf mehreren Webseiten gleichzeitig ist bei Webbrowsern inzwischen eine Selbstverständlichkeit, und auch der Edge-Browser bietet diese Möglichkeit. Schließlich ist es einfach praktisch, mal eben etwas suchen oder nachlesen zu können, ohne die aktuelle Webseite gleich ganz verlassen zu müssen.

Um einen Link in der aktuell angezeigten Webseite in einem separaten Tab zu öffnen, gibt es drei Möglichkeiten:

- Halten Sie die (Strg)-Taste gedrückt, während Sie einen Link anklicken.

- Klicken Sie den Link mit der mittleren Maustaste an, soweit Ihre Maus über eine mittlere Taste verfügt und diese vom Maustreiber unterstützt wird.

- Klicken Sie in der angezeigten Webseite mit der rechten Maustaste auf einen beliebigen Link und wählen Sie im Kontextmenü den Befehl *In neuem Tab öffnen*.

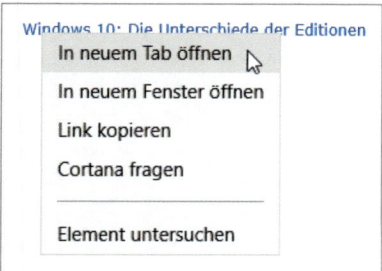

Alle drei Varianten führen zum gleichen Ergebnis: Die bisherige Webseite bleibt vorhanden und der Browser öffnet den Link stattdessen in einem neuen Tab.

Tabs machen das Suchen im Netz viel leichter

Tabs können sich insbesondere beim Suchen nach Informationen im Web als sehr nützlich erweisen. Beim normalen Ablauf erhalten Sie von der Suchmaschine die Ergebnisseite, klicken dort auf die Links, müssen dann wieder zur Ergebnisseite zurück etc. Mit Tabs belassen Sie die Ergebnisseite immer in ihrem eigenen Tab. Um die gefundenen Links zu betrachten, öffnen Sie diese jeweils in einem neuen Tab. Ist die Seite nicht interessant, schließen Sie sie wieder. Wollen Sie eine Seite (vorläufig) nicht aus den Augen verlieren, kehren Sie direkt wieder zum Tab mit den Suchergebnissen zurück und setzen Ihre Recherche von dort aus fort.

Einen neuen leeren Tab anlegen

Eine andere Möglichkeit zum Öffnen eines Tabs bietet sich an, wenn Sie nicht einen Link in einer vorhandenen Webseite anklicken, sondern unabhängig von dieser Webseite eine weitere Seite öffnen wollen, z. B. einen der Favoriten oder durch direktes Eingeben einer Adresse. Für solche Fälle können Sie eine leere Registerkarte anlegen, in die Sie dann auf beliebige Art eine Webseite laden können.

1 Um einen leeren Tab anzulegen, klicken Sie in der Symbolleiste rechts neben den Tab-Reitern auf die +-Schaltfläche. Die ist im Normalzustand 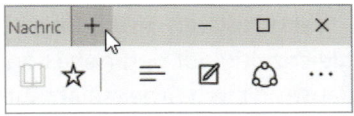 inhaltslos grau und zeigt erst dann ihr Symbol an, wenn sich der Mauszeiger direkt darüber befindet.

2 Alternativ können Sie auch die Tastenkombination Strg+T wählen.

3 Der Edge-Browser legt dann einen neuen Tab an und bietet Ihnen darin einige häufig besuchte Webseiten an.

4 Sie können nun diesen Tab ganz regulär benutzen, um z. B. eine Webseite aus der Favoritensammlung zu laden oder von Hand eine Webadresse oben im Adressfeld einzugeben.

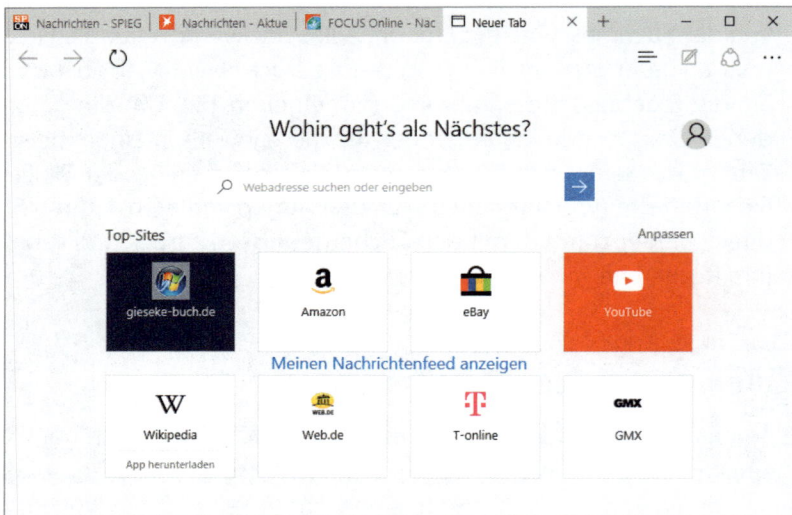

Alle Tabs gleichzeitig aktualisieren

Eine in einem Tab geöffnete Webseite können Sie wie gewohnt z. B. mit
F5 aktualisieren. Sie können aber auch alle derzeit geöffneten Webseiten
gleichzeitig auf den neuesten Stand bringen, z. B. wenn Sie nach einer
Pause an Ihren Arbeitsplatz zurückkehren und sicher sein wollen, dass alle
Webseiten noch aktuell sind.

1 Klicken Sie dazu mit der rechten Maustaste auf einen beliebigen Tab-Reiter.

2 Wählen Sie im Kontextmenü *Alle Tabs
aktualisieren*.

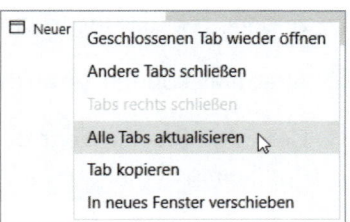

3 Der Browser erneuert dann alle gerade geladenen Webseiten, was je nach Anzahl und Umfang allerdings einige Sekunden dauern kann.

Zwischen den geöffneten Webseiten komfortabel wechseln

Zum Wechseln zwischen den in Tabs gleichzeitig geöffneten Webseiten bieten sich die Tab-Reiter oben an, die für die verschiedenen Tabs nebeneinander angezeigt werden:

- Solange die Anzahl nicht zu groß und der verfügbare Platz in der Symbolleiste nicht zu klein wird, können Sie dort jeden Tab am Titel der Webseite erkennen und direkt anklicken.

- Wer nicht gleich zur Maus greifen will, kann mit [Strg]+[⇆] der Reihe nach durch die einzelnen Tabs gehen, ähnlich wie beim Umschalten zwischen Anwendungen mit [Alt]+[⇆].

- Solange Sie eine überschaubare Menge an Tabs verwenden, gibt es außerdem eine praktische Möglichkeit, per Tastenkürzel direkt zu einem bestimmten Tab zu springen: Verwenden Sie dafür [Strg] und die Taste der Nummer, die der Position des Tab-Reiters in der Liste entspricht. Also [Strg]+[1] für den ganz linken Tab, [Strg]+[2] für den rechts daneben etc.

Nicht mehr benötigte Tabs schnell schließen

Auch beim Schließen von Tabs gibt es verschiedene Varianten, zwischen denen Sie je nach Situation und Bedarf wählen können:

- Ganz rechts im Reiter jedes Tabs finden Sie ein kleines *x*-Symbol. Beim Reiter des aktuell angezeigten Tabs ist es immer zu sehen, bei den anderen, inaktiven Tabs erst, wenn Sie den Mauszeiger darauf bewegen. Ein Klick auf dieses Symbol schließt den entsprechenden Tab.

- Wenn Sie mit der rechten Maustaste auf einen der Tab-Reiter klicken und im Kontextmenü den Befehl *Tabs rechts schließen* wählen, werden alle Tabs geschlossen, die sich in der Symbolleiste rechts vom gewählten Tab befinden. Das ist praktisch, wenn Sie beispielsweise beim Suchen mehrere Tabs für Unterseiten geöffnet haben, die Sie so alle loswerden können.

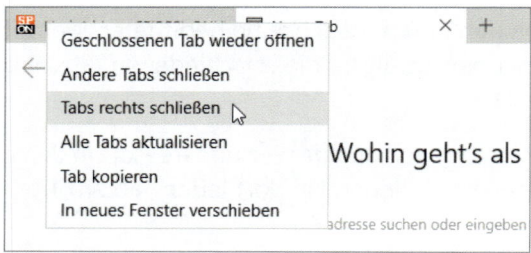

- Im Kontextmenü findet sich außerdem noch eine Variante, die ebenfalls sehr praktisch sein kann: Mit *Andere Tabs schließen* machen Sie alle Tabs zu, bis auf jenen, auf dessen Reiter Sie gerade mit der rechten Maustaste geklickt hatten, um das Kontextmenü zu öffnen. So werden Sie eine kunterbunte Sammlung von Tabs schnell wieder los und können sich auf eine bestimmte Webseite konzentrieren.

Problematische Webseiten im klassischen Internet Explorer öffnen

Totgeglaubte leben manchmal länger. Und so ist auch der Internet Explorer bei Windows immer noch an Bord, auch wenn man auf den ersten ebenso wie auf den zweiten Blick keine Spur davon erkennen kann. Allerdings kann es insbesondere in Firmennetzwerken Webseiten geben, die spezielle Funktionen des Internet Explorer benötigen. Damit diese sich zumindest für eine Übergangszeit noch verwenden lassen, kann der Internet Explorer weiter genutzt werden. Und das geht sogar ganz einfach:

1 Zeigen Sie das fragliche Webange- bot im Edge-Browser an (auch wenn es dort nicht ordnungsgemäß funk- tioniert).

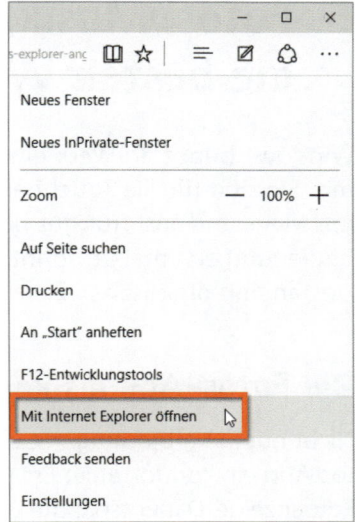

2 Klicken Sie dann rechts auf das Menü- Symbol und wählen Sie den Menü- punkt *Mit Internet Explorer öffnen*.

3 Der Edge-Browser startet dann den In- ternet Explorer und lässt ihn die aktu- ell angezeigte Webadresse öffnen.

4 Wenn Sie dies zum ersten Mal überhaupt machen, möchte der Inter- net Explorer eingerichtet werden. Wählen Sie dazu die Option *Emp- fohlene Sicherheits- und Kompatibilitätseinstellungen verwenden* und klicken Sie auf *OK*.

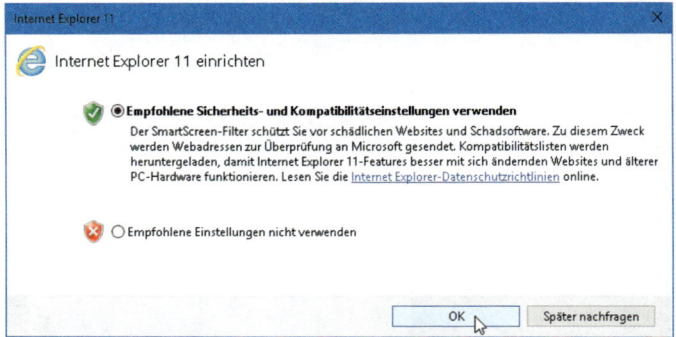

Den so geöffneten Internet Explorer können Sie wie in früheren Windows- Versionen nutzen. Er stellt alle bekannten Funktionen bereit und lässt sich auch über die Internetoptionen wie gewohnt konfigurieren.

5. Fotos, Musik, Videos und mehr – die besten Windows-Apps

Windows bringt ab Werk eine Reihe praktischer und hilfreicher Apps mit. Sie sind für die Touchbedienung optimiert, lassen sich aber auch mit Maus und Tastatur gut nutzen. Hat man sich an die etwas andere Bedienung erst mal gewöhnt, kann man sich an dem etwas schickeren Design und praktischen Zusatzfunktionen erfreuen.

Die Fotos-App als komfortabler Bildbetrachter

Nicht nur in Verbindung mit einem Touchscreen ist die Fotos-App ein komfortabler Ersatz für Windows-Explorer und Fotoanzeige. Das entspannte Blättern durch eine Fotosammlung per Wischgeste hat schon etwas.

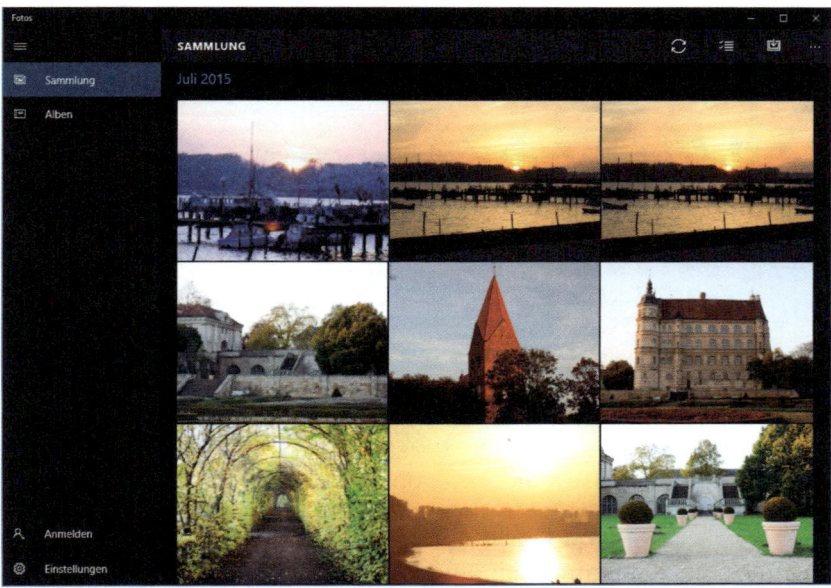

Klicken Sie einfach die Ordner und Bilder an, die Sie sehen möchten. Um ein bestimmtes Bild groß anzuzeigen, klicken oder tippen Sie einfach darauf. Es wird dann (fast) fenster- bzw. bildschirmfüllend angezeigt. Die kleine Symbolleiste oben lässt sich durch einfaches Klicken/Tippen ins Bild jederzeit ein- oder ausblenden.

In der Symbolleiste finden Sie die wichtigsten Funktionen zur Bildbetrachtung und Bearbeitung (von links nach rechts):

- Mit dem *Teilen*-Symbol können Sie das gerade gewählte Bild beispielsweise per E-Mail schnell und direkt an andere weitergeben (auch ⊞+Ⓗ).

- Selbstverständlich können Sie auch eine ganze Bildersammlung bildschirmfüllend als Diashow abspielen. Verwenden Sie dafür in der Symbolleiste das Wiedergabesymbol oder auch F5.

- *Verbessern* (E) optimiert automatisch Grundwerte wie Kontrast, Helligkeit und Farbsättigung, um jedes Bild möglichst „schön" anzeigen zu können. Diese Maßnahmen beziehen sich nur auf die Darstellung der Bilder, die Bilddateien selbst werden dabei nicht verändert. Mit der Schaltfläche können Sie diese Funktion jederzeit ein- und ausschalten und sehen sofort den Unterschied in der Darstellung.

- Mit dem Stiftsymbol (Strg+E) wechseln Sie in den Bearbeitungsmodus (mehr dazu im nachfolgenden Abschnitt).

- Sollte die Ausrichtung eines Bildes beim Import nicht automatisch korrekt erkannt worden sein, können Sie das mit dem kreisrunden Pfeil korrigieren (Strg+R).

- Wenn das angezeigte Bild nicht gefällt, lassen Sie es mit dem Mülleimersymbol oder Entf im Papierkorb verschwinden.

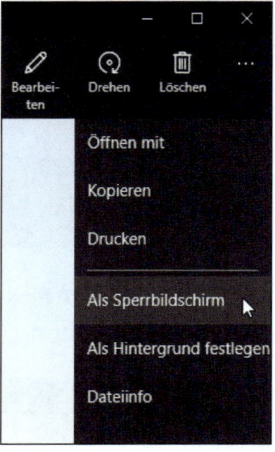

- Die drei Punkte ganz rechts öffnen wie üblich ein Menü mit weiteren Funktionen. Hier können Sie das aktuelle Bild beispielsweise drucken oder als Hintergrundbild festlegen.

Um von der Anzeige eines konkreten Bildes wieder in die Sammlung zurückzukommen, verwenden Sie das Pfeilsymbol ganz oben links. Per Tastatur können Sie stattdessen Esc oder ⬅ drücken.

Bilder von Kameras in die Sammlung importieren

Die Fotos-App bietet Ihnen die Möglichkeit, Bilder von Kameras, Smartphones und ähnlichen Mobilgeräten auf den PC zu übertragen und direkt in Ihre Bildersammlung einzufügen.

1 Verwenden Sie dazu in der Bilderübersicht oben rechts in der Symbolleiste das *Importieren*-Symbol.

2 Wählen Sie im anschließenden Dialog aus, von welchem der angeschlossenen Geräte bzw. Laufwerke Bilder übernommen werden sollen.

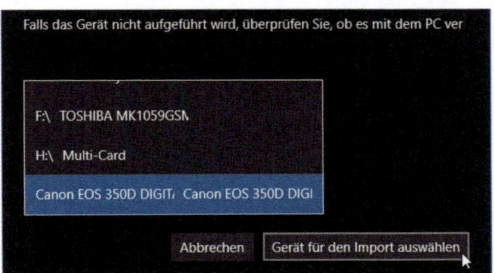

3 Die App untersucht dann, ob es auf dem Gerät Bilder gibt, die sich noch nicht in Ihrer Sammlung auf dem PC befinden. Es findet also ein aktiver Abgleich statt. Das bedeutet, Sie können beispielsweise Ihre Digitalkamera einfach immer wieder an den PC anschließen und diesen Vorgang durchführen. Es werden jeweils nur die neuen Bilder importiert und bereits vorhandene ignoriert, sodass keine unnötigen Dubletten entstehen.

4 Sind Sie mit dem Ergebnis der Analyse zufrieden, klicken Sie auf *Importieren*, um die gefundenen neuen Bilder auf den PC zu übertragen.

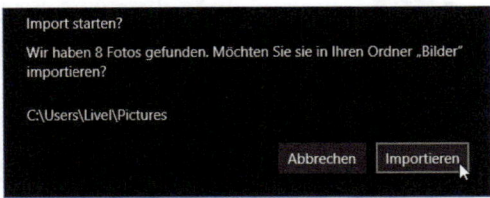

5 Das Übertragen der Bilder erfolgt im Hintergrund. Sie können währenddessen beruhigt weiterarbeiten.

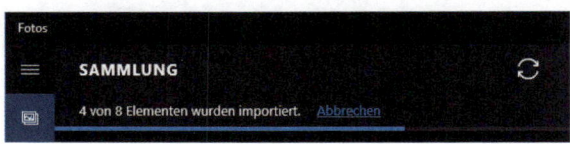

6 Nach abgeschlossenem Import erhalten Sie eine Erfolgsmeldung auf
dem Bildschirm. Die frisch impor-
tierten Bilder sind ab sofort Teil Ihrer Sammlung. Sie finden sie am

schnellsten über den Zeitraum, in dem sie aufgenommen wurden.

Bilder schnell und bequem bearbeiten

Die Fotos-App stellt eine ganze Reihe von Bearbeitungsfunktionen zur
Verfügung, um Schnappschüsse zu optimieren, aufzuhübschen oder auch
kleinere Bildfehler zu korrigieren oder zumindest zu verstecken.

1 Um Zugriff auf die Bearbeitungsfunktionen zu erhalten, müssen Sie
zunächst ein konkretes Bild zum Betrachten auswählen.

2 Damit wechseln Sie in den Bearbeitungsmodus. Hier finden Sie am
linken Bildrand Symbole für verschiedene Aufgabenbereiche, wie

Allgemeine Korrekturen, Filter, Licht, Farbe sowie verschiedene *Effekte*. Wählen Sie zunächst einen dieser Bereiche aus.

3 Am rechten Bildrand sehen Sie dann die verschiedenen Bearbeitungsfunktionen, die diesem Bereich zugeordnet sind. Klicken Sie auf eine Funktion, um diese zu aktivieren.

4 Was dann passiert, hängt von der gewählten Funktion ab:

- In einigen Fällen bewirkt das Auswählen des Werkzeugs direkt eine Bildveränderung.

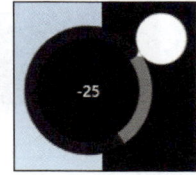

- Bei Werkzeugen, etwa zum Bearbeiten von Licht und Farbe, wird eine kreisrunde Skala angezeigt, mit der Sie die Stärke der Änderung einstellen können. Die Auswirkungen sehen Sie direkt auf dem Bildschirm.

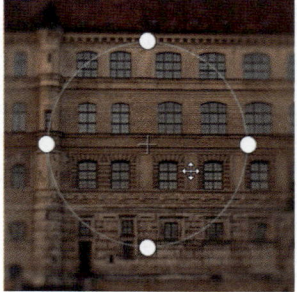

- Andere Werkzeuge blenden Bearbeitungswerkzeuge direkt in das Bild ein. Diese können Sie mit Maus oder Fingerspitze erfassen und verschieben. Dadurch lässt sich der gewünschte Effekt platzieren und fein einstellen.

Bilder automatisch optimieren und speichern

Die verschiedenen Bearbeitungsmöglichkeiten lassen sich leicht erkunden und durch die direkte Kontrolle am Bildschirm ausprobieren. Anhand der praktischen Funktion für das automatische Verbessern möchte ich Ihnen zeigen, wie Sie Bilder so speichern, dass die Änderungen entweder im Original oder in einer Bildkopie gespeichert werden.

1 Wählen Sie in der Fotos-App ein Bild aus, sodass es groß auf dem Bildschirm angezeigt wird.

2 Klicken oder tippen Sie dann in der Symbolleiste auf das Stiftsymbol.

3 Wählen Sie für dieses Beispiel links *Allgemeine Korrekturen* und dann rechts *Verbessern*. Die App versucht sich dann an einer automatischen Optimierung von Helligkeit, Kontrast und Farbsättigung, was nicht immer, aber oft gute Ergebnisse bringt. Die Auswirkung sehen Sie direkt bei der Darstellung des Bildes.

4 Gleichzeitig stehen Ihnen oben in der Symbolleiste verschiedene Möglichkeiten zur Verfügung (von links nach rechts):

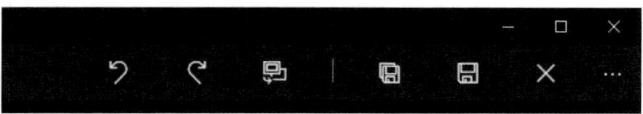

- Mit *Rückgängig* können Sie alle Bearbeitungsschritte nacheinander wieder zurücknehmen und zum Originalbild zurückkehren (Strg+Z).

- Haben Sie Schritte rückgängig gemacht, können Sie sie auch *Wiederholen* (Strg+Y). So können Sie quasi durch die verschiedenen Versionen eines Bildes hin- und herschalten.

- Sehr praktisch ist das *Vergleichen*-Symbol, denn solange Sie dieses anklicken oder antippen, wird der Ausgangszustand des Bildes angezeigt, sodass Sie sehr einfach einen Vorher-Nachher-Vergleich anstellen können (Strg+F7).

- *Kopie speichern* speichert das optimierte Bild in einer separaten Datei. Die Datei des Originalbildes bleibt dabei unverändert. Anschließend haben Sie zwei Versionen dieses Bildes in Ihrem Dateibestand.

- Über *Speichern* überschreiben Sie hingegen das ursprüngliche Bild durch die optimierte Version. Achtung: Dabei geht das Originalbild unwiederbringlich verloren!

- *Abbrechen* ([Esc]) verwirft alle Änderungen am Bild ohne jegliches Speichern und kehrt zur Anzeige des Originalbildes zurück.

Musik lokal und aus dem Netz komfortabel abspielen

Die App *Groove-Musik* verknüpft Ihre lokale Musiksammlung nahtlos mit einem kommerziellen Musikmarktplatz, über den Sie Lücken in Ihrer persönlichen Sammlung ganz einfach schließen können – gegen das nötige Kleingeld, versteht sich.

1 Zugriff auf Ihre eigene Musik erhalten Sie unter dem Stichwort *Sammlung*.

2 Die App zeigt dann rechts die *Alben*, *Künstler* oder *Songs* an, die Sie gespeichert haben. Welche Darstellung Sie bevorzugen, können Sie in der Menüleiste am linken Rand wählen.

3 Am praktischsten zum bequemen Stöbern ist dabei *Künstler*, da Sie so erst den Interpreten, dann das Album und schließlich gegebenenfalls noch einen bestimmten Titel gezielt für die Wiedergabe auswählen können.

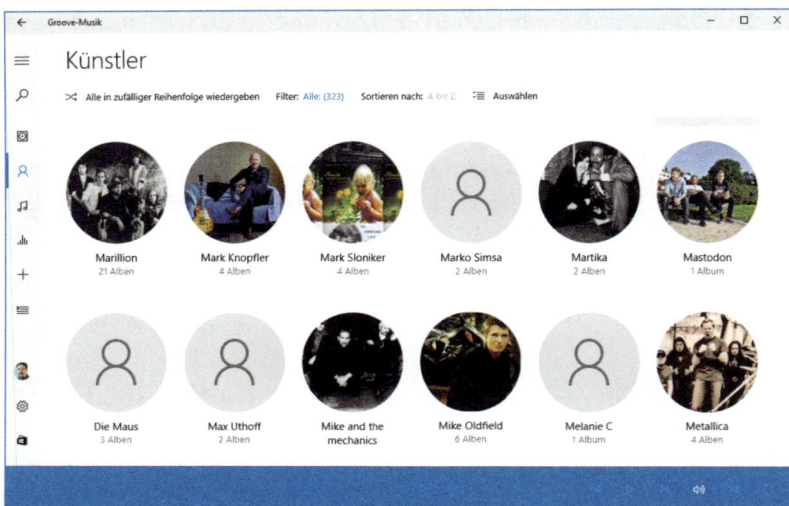

4 In der Übersicht eines Albums können Sie mit dem Wiedergabesymbol das gesamte Album abspielen.

5 Oder Sie wählen einen bestimmten Titel aus und klicken bzw. tippen dort auf dessen Wiedergabesymbol.

6 Damit startet die Wiedergabe, und am unteren Bildschirmrand wird die Menüleiste mit den Steuerelementen eingeblendet. Diese verschwindet zwar nach kurzer Zeit wieder, aber Sie können sie jederzeit per Rechtsklick oder Wischgeste zurückholen.

7 Mit den Symbolen können Sie die Wiedergabe und Lautstärke steuern. Ganz rechts finden Sie Möglichkeiten, die Zufalls- und die Endloswiedergabe nach Ihren Wünschen einzustellen.

Bestimmte Titel oder Alben schnell finden

Die Musik-App bietet eine Suche, mit der Sie bestimmte Interpreten, Titel oder Alben schnell finden können – sowohl in Ihrer eigenen Musiksammlung als auch in den Onlineangeboten.

1 Tippen oder klicken Sie links in der Menüleiste auf das Lupensymbol. Damit klappen Sie das ausführliche Menü aus und aktivieren dort automatisch das Suchfeld.

2 Tippen Sie hier den Namen eines Interpreten, eines Albums oder eines Titels ein. Während der Eingabe werden Ihnen Vorschläge zur automatischen Vervollständigung gemacht, sodass Sie meist nicht den gesamten Namen eintippen müssen. Allerdings lässt sich dabei nicht unterscheiden, ob diese aus Ihrer eigenen Musiksammlung stammen oder vom Groove-Musik-Marktplatz.

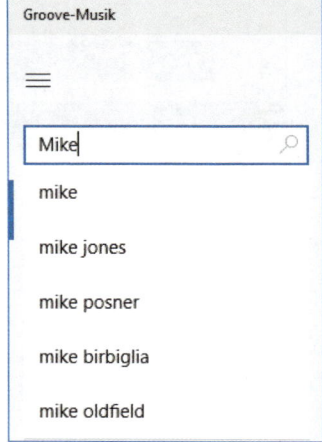

3 Tippen Sie deshalb im Zweifel auf das Lupensymbol rechts im Eingabefeld (oder auf ⏎)), um die Suche abzuschließen.

4 Die App zeigt Ihnen dann eine ausführliche Trefferliste, die sich nur auf Ihre persönliche Musiksammlung bezieht (sofern Sie die Suche in diesem Bereich gestartet haben). Von hier aus können Sie gefundene Künstler oder Alben öffnen. Gefundene Songs lassen sich direkt aus der Trefferliste abspielen.

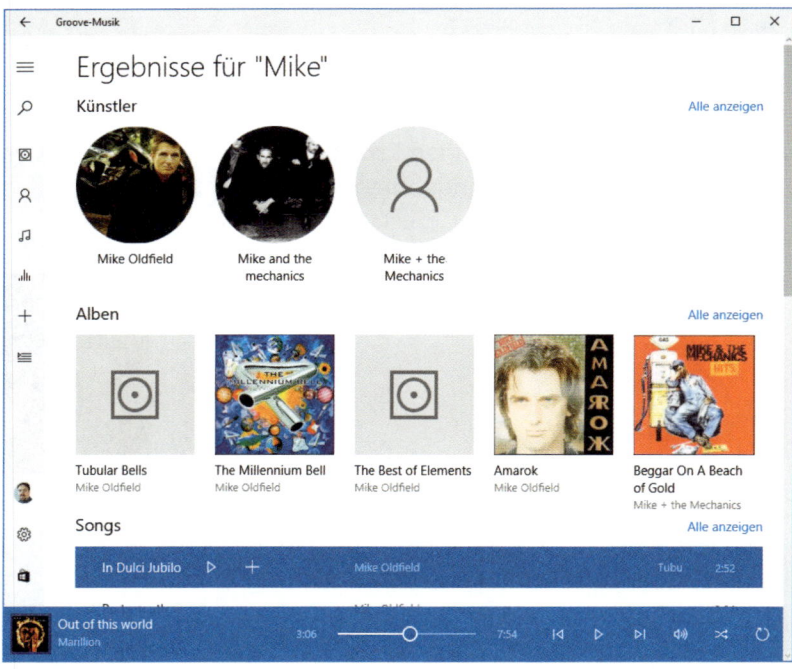

Musikwiedergabe nicht beenden

Wenn die Musik-App Sie bei der Arbeit am PC ein wenig mit Musik berieseln soll, dürfen Sie die App nicht schließen. Drücken Sie einfach ⊞, um zum Startmenü zu wechseln, und setzen Sie Ihre Aktivitäten von dort aus fort. Die Musik-App bleibt im Hintergrund aktiv und die Musik spielt weiter.

Videos und Filme schnell und einfach per App abspielen

Die App für das Wiedergeben von Videos heißt etwas irritierend *Filme & Fernsehsendungen*. Ähnlich wie die App *Groove-Musik* kann sie zum einen die lokale Videosammlung wiedergeben und ist zum anderen ein Zugang zu einem Onlinemarktplatz, wo Sie Filme und Serien gegen Bezahlung schauen können.

1 Wenn Sie die App *Filme & Fernsehsendungen* starten, benutzen Sie deshalb am besten direkt die Menüleiste am linken Rand und öffnen dort den Bereich *Videos*. Der umfasst die lokale Videosammlung des PCs, also alles, was innerhalb der Video-Bibliothek abgelegt ist.

2 Die App listet dann alle Videos auf, die aktuell in der Bibliothek vorhanden sind. Diese werden – soweit vorhanden – nach Titel oder anhand des Dateinamens sortiert. Einfluss nehmen kann man darauf nicht.

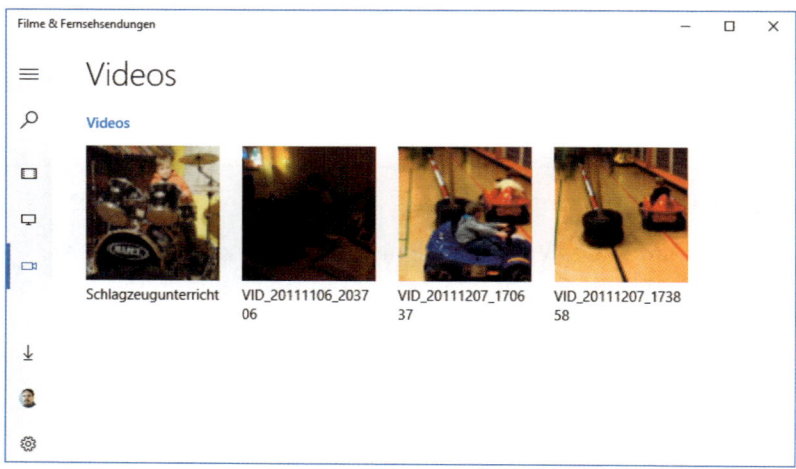

3 Um ein Video abzuspielen, tippen bzw. klicken Sie es an. Es wird dann wiedergegeben. Am unteren Rand finden Sie ein paar einfache Elemente zur Steuerung der Wiedergabe. Nach kurzer Zeit ohne Interaktion werden diese automatisch ausgeblendet und machen Platz für das Video.

4 Mit dem Pfeil oben links gelangen Sie jederzeit in die Video-Übersicht der App zurück.

Filme im Vollbildmodus

Um ein laufendes Video bildschirmfüllend anzuzeigen, verwenden Sie das Doppelpfeilsymbol in der Steuerleiste. Ein weiterer Klick bzw. Tipp darauf schaltet die App in den Desktop-Fenstermodus zurück.

Nie mehr verschlafen mit der App Alarm & Uhr

Windows bringt einen eigenen Wecker mit, der gleichzeitig auch als Stoppuhr und Countdown-Zähler dienen kann. Er ist gut in das System integriert und lässt sich sogar per Sprachsteuerung einstellen.

1 Wenn Sie die App starten, landen Sie automatisch in der Kategorie *Wecker*. Hier werden die festgelegten Alarmzeiten aufgeführt. Zunächst finden Sie dabei nur den Eintrag *Guten Morgen*, der Sie werktags um 7:00 Uhr morgens wecken würde. Allerdings ist er standardmäßig ausgeschaltet.

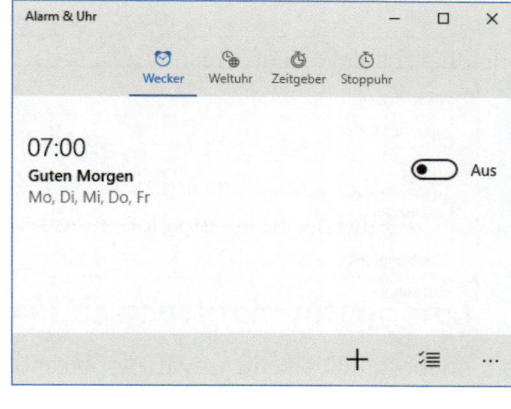

2 Klicken oder tippen Sie auf diesen Eintrag, um ihn zu ändern. Alternativ klicken Sie unten auf das Plussymbol, um eine neue Weckzeit anzulegen:

- Hier können Sie einen Namen für jede Weckzeit festlegen.

- Selbstverständlich darf die Uhrzeit selbst nicht fehlen.

- Bei *Wiederholungen* wählen Sie exakt die Tage aus, an denen dieser Weckalarm ausgelöst werden soll.

- Mit *Sound* wählen Sie den Weckton, dabei können Sie mit einem Klick auf das Play-Symbol ganz links jederzeit eine Vorschau abspielen.

- Die Erinnerungszeit kommt ins Spiel, wenn Sie den Alarm nicht gleich beenden, sondern erst mal nur „wegdrücken". Dann meldet sich der Wecker nach der angegebenen Zeit wieder.

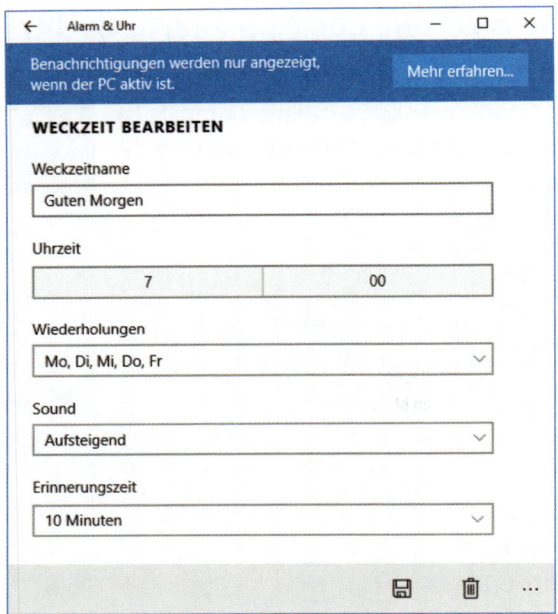

3 Haben Sie alles perfekt eingestellt, tippen Sie schließlich unten auf das Speichern-Symbol.

Haben Sie auf diese Weise eine Weckzeit festgelegt, meldet sich Ihr Windows-PC zur eingestellten Zeit mit dem Weckklang. Voraussetzung dafür ist, dass der PC dann auch eingeschaltet ist.

Einfacher wecken mit Cortana

Falls Sie den Abschnitt zum Sprachassistenz-System Cortana noch nicht gelesen haben (siehe Seite 12): Sie können sich auch auf diese Weise leicht wecken lassen. Sagen Sie Cortana einfach per Sprachbefehl: „Weck mich morgen um 7:00 Uhr!" Dann wird automatisch eine entsprechende Weckzeit angelegt, die aber nur einmalig verwendet wird.

Touchtaschenrechner statt Kopfrechnen

Viel zur Bedienung der Rechner-App will ich gar nicht sagen. Wer schon mal einen Taschenrechner in der Hand hatte, sollte damit auf Anhieb zurechtkommen. Eine Anmerkung verdient aber die Verlaufsfunktion zum Merken von Zwischenergebnissen.

1 Die Rechner-App zeichnet jeden Rechenschritt mit Ergebnis auf. Am besten sehen Sie das, wenn Sie das Fenster breit genug machen, sodass der Verlauf rechts angezeigt wird.

2 Haben Sie sich beispielsweise verrechnet, müssen Sie nicht komplett von vorne anfangen, sondern können jederzeit zum letzten korrekten Schritt der Rechnung zurückkehren und von dort aus weitermachen. Klicken Sie dazu einfach rechts auf den entsprechenden Eintrag.

3 Dieser wird dann links als aktueller Basiswert übernommen, mit dem Sie einfach weiterrechnen können.

Umrechnungen für beliebige Maßeinheiten immer griffbereit

Neben den Grundrechenfunktionen und wissenschaftlichen Formeln verfügt die Rechner-App über einen praktischen Konverter, mit dem Sie ungewohnte Maße schnell in vertraute Einheiten umwandeln können. Dieser beherrscht eine Vielzahl von gängigen ebenso wie exotischen Maßen. Nebenbei kann man noch erstaunliche Erkenntnisse gewinnen, etwa dass 1 britischer Teelöffel so groß wie 1,2 amerikanische Teelöffel ist. Wer hätte das gedacht ...

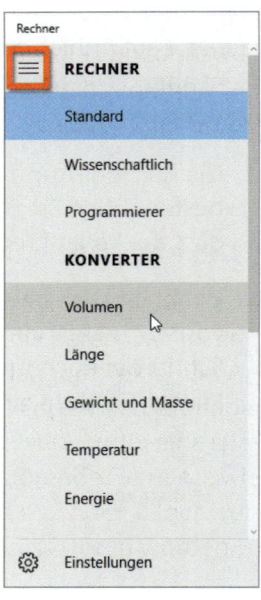

1 Tippen bzw. klicken Sie in der Rechner-App oben rechts auf das Menü-Symbol.

2 Wählen Sie im so eingeblendeten Menü unterhalb der Überschrift *Konverter* den Bereich aus, dem die zu berechnenden Maßeinheiten angehören.

3 Nun können Sie in das obere Feld einen Wert eingeben und darunter die Maßeinheit auswählen, in der dieser vorliegt. Verwenden Sie dafür die virtuelle Tastatur rechts daneben oder einfach auch eine real vorhandene.

4 Wählen Sie dann für das Feld darunter das Maß aus, in das Sie die angegebene Zahl umrechnen möchten.

Das Ergebnis können Sie unmittelbar im unteren Feld ablesen. Ganz unten am Bildschirmrand erhalten Sie außerdem noch ein paar andere naheliegende Umrechnungen für diesen Wert.

Nutzen Sie den Sprachrekorder für schnelle Aufnahmen zwischendurch

Eine weitere hilfreiche App ist der *Sprachrekorder*. Er ermöglicht es, schnell und einfach Aufnahmen mit einem vorhandenen Mikrofon durchzuführen – etwa um Klänge aus der Umgebung aufzunehmen oder auch um eine kurze Notiz zu diktieren.

1 Starten Sie die Sprachrekorder-App und tippen oder klicken Sie dann direkt auf die Mikrofongrafik in der Mitte des Bildschirms, um die Aufnahme zu beginnen.

2 Sprechen Sie nun einfach grob in Richtung des Mikrofons. Bei einem Tablet ist das Mikrofon so eingebaut, dass Sie Ihr Gesicht einfach nur ungefähr dem Bildschirm zuwenden müssen. Die App zeigt den Aufnahmepegel optisch an, sodass Sie einen deutlichen Ausschlag erkennen sollten, wenn Sie laut genug sprechen.

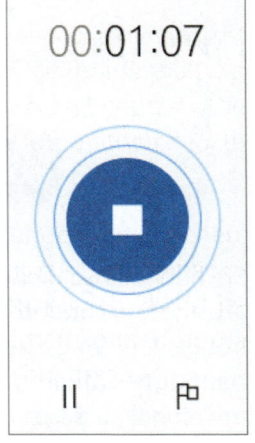

3 Sie können die Aufnahme jederzeit unterbrechen und wieder fortsetzen, indem Sie das kleine Pausensymbol unterhalb des Kreises verwenden.

4 Mit dem Fähnchensymbol haben Sie schon während der laufenden Aufnahme die Möglichkeit, eine besondere Stelle zu markieren, die Sie später dann schnell wiederfinden können.

5 Um die Aufnahme zu beenden, tippen bzw. klicken Sie auf das Stoppsymbol mitten im Aufnahmekreis.

6 Die App legt dann eine Datei mit Ihrer Aufnahme an. Die Liste der Aufnahmen finden Sie rechts oben in der Übersicht (dafür muss man das App-Fenster gegebenenfalls breit genug ziehen).

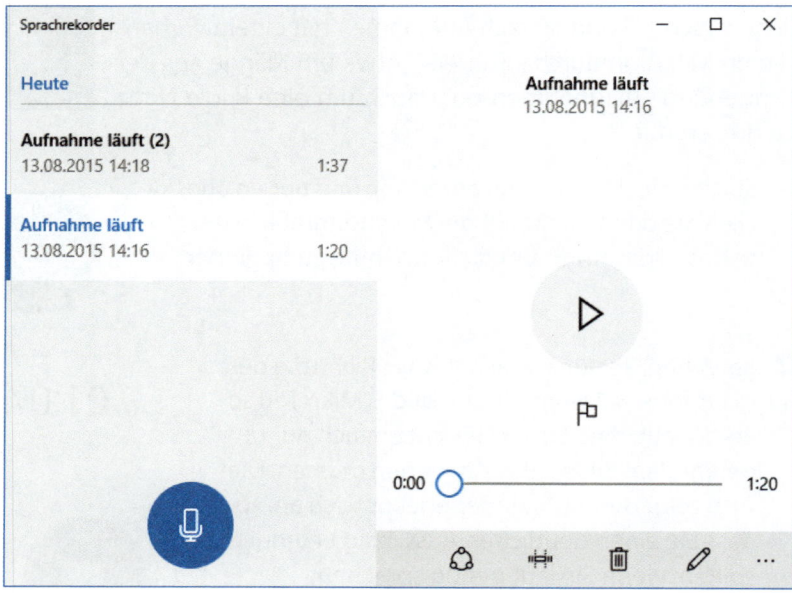

Sie haben anschließend noch die Möglichkeit, die Aufnahme nicht nur anzuhören, sondern auch zu kürzen, also am Anfang und am Ende unnötige Teile wegzuschneiden. Sie können misslungene oder nicht mehr benötigte Aufnahmen auch löschen. Es kann sinnvoll sein, Aufnahmen mit einem aussagekräftigen Namen zu versehen. Außerdem können Sie die *Teilen*-Funktion nutzen, um Aufnahmen beispielsweise per E-Mail zu senden.

6. Spannende Apps aus dem Store laden

Der Windows Store ist ein Onlinemarktplatz, in dem man kostenlose und kostenpflichtige Windows-Programme finden, gegebenenfalls erwerben und/oder kostenlos herunterladen kann. Allerdings ist der Windows Store dabei nur eine mögliche Option. Desktop-Anwendungen können auch von  anderen Quellen heruntergeladen oder ganz klassisch per Installationsmedium eingerichtet werden. Für Touch-Apps hingegen ist der Windows Store der einzige Weg, sie auf das Gerät zu bekommen.

> **Desktopsoftware im Windows Store**
>
> Der Windows Store bietet nur Touch-Apps zum Download und zum Kauf an. Software für den klassischen Desktop ist dort zwar auch verzeichnet, diese Einträge enthalten letztlich aber nur Links auf anderweitige Bezugsquellen für diese Programme. Dementsprechend stehen auch die Mechanismen des Windows Store z. B. zum Einspielen von Updates nur für Touch-Apps zur Verfügung und nicht für Desktop-Anwendungen.

Melden Sie sich beim Windows Store an

Damit Sie den Windows Store nutzen können, müssen Sie sich einmalig mit einem kostenlosen Microsoft-Konto registrieren. Das sorgt dafür, dass der Store Ihnen die heruntergeladenen und vor allem eventuell gekauften Apps zuordnen kann, sodass Sie diese auch bei einer Neuinstallation oder bei einem Wechsel des PCs nicht verlieren. Wenn Sie Ihren PC ohnehin mit einem Microsoft-Konto verbunden haben, ist dieser Schritt nicht mehr nötig. Ansonsten bittet die Store-App Sie spätestens beim ersten Herunterladen einer App um diese Anmeldung.

1 Alternativ können Sie diesen Vorgang auch jederzeit
anstoßen, indem Sie in der
Store-App oben links neben
dem Suchfeld auf das Benut-
zer-Symbol klicken und im
Menü *Anmelden* wählen.

2 Für den Windows Store ist ein Microsoft-Konto erforderlich. Sollten
Sie schon eines etwa bei MSN, Outlook.com, Hotmail oder Live.com
haben, können Sie dieses nutzen. Geben Sie dazu die Zugangsdaten
ein und klicken Sie auf *Anmelden*.

3 Sollten Sie noch kein passendes Konto haben, können Sie es mit *Erstellen Sie ein Konto* schnell einrichten. Das Konto an sich ist kostenlos.
Nur wenn Sie auch Apps kaufen möchten, müssen Sie (gegebenenfalls später) Zahlungsinformationen dafür hinterlegen (mehr dazu auf
Seite 112).

Spannende Apps finden und installieren

Der Windows Store lädt mit seiner Oberfläche geradezu zum Stöbern ein. Hier können Sie sich zunächst einmal unverbindlich umschauen, Beschreibungen lesen, sich an Bewertungen von anderen Benutzern orientieren etc.

Direkter Weg zu den Top-Apps

Die Startseite des Stores soll Ihnen schon mal gründlich den Mund wässrig machen. Ganz oben links können Sie von der Startseite zu den verschiedenen Bereichen wechseln, denn neben Apps und Spielen (die aber letztlich auch nur Apps sind) kann man im Store auch Musik, Filme und TV-Serien käuflich erwerben. Darunter finden Sie in verschiedenen Abschnitten interessante Apps:

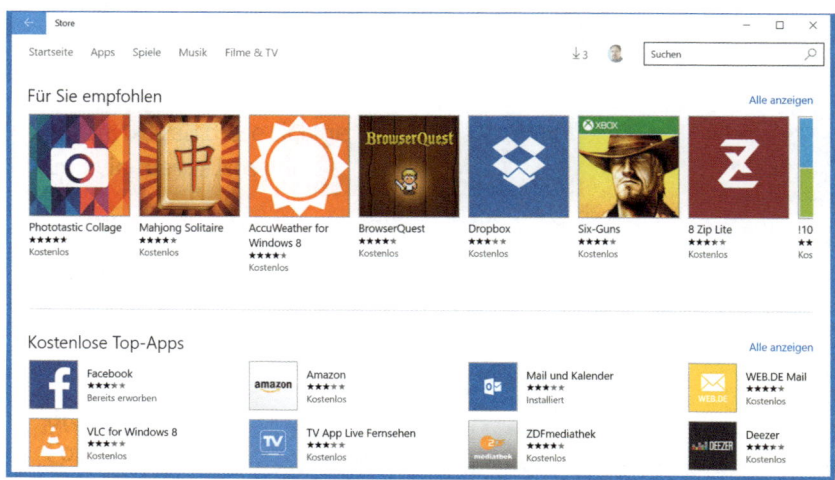

- ganz oben im Breitformat die „Highlights" des Store-Teams,

- darunter eine Auswahl von Apps, die für Sie persönlich zusammengestellt wurde. Sie basiert auf Ihrer bisherigen App-Auswahl sowie Apps, für die Sie sich zuletzt interessiert haben,

- dann folgen bei allen Anwendern beliebte kostenlose Apps,
- dann die beliebtesten kostenlosen Spiele,
- gefolgt von der Topliste der kostenpflichtigen Apps sowie
- der Topliste der Kauf-Spiele.

Auf der Startseite der Store-App sehen Sie immer nur eine kleine Auswahl der besten Apps. Um aus einem Bereich mehr Apps zu sehen, klicken oder tippen Sie auf den Titel des Bereichs, also beispielsweise *Für Sie empfohlen*.

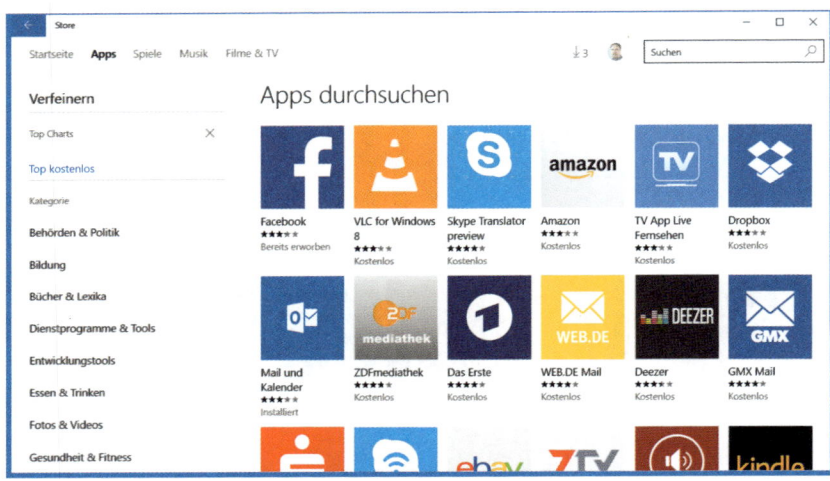

Apps nach Themenbereichen sortieren

Falls Sie es aus der alten Store-App gewohnt sind, Apps nach Themenbereichen zu sortieren, geht das auch weiterhin. Wechseln Sie von der Startseite oben links zu den Apps. Scrollen oder wischen Sie dann auf dieser Seite ganz nach unten. Hier finden Sie die bekannten App-Kategorien, die Sie einfach anwählen können.

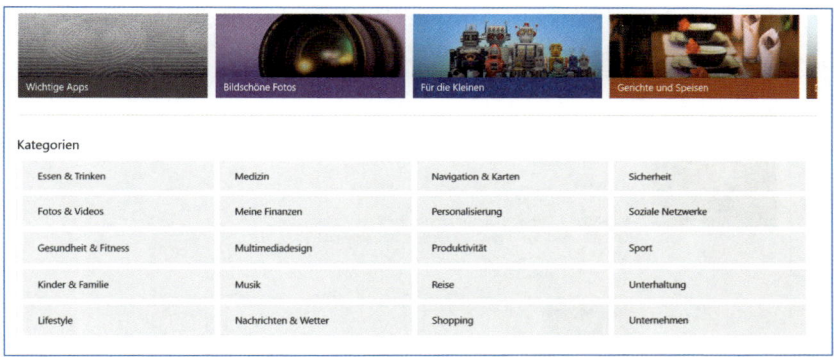

Durch Benutzerbewertungen schneller zur besten App

Bewertungen durch Benutzer, die eine App oder ein Spiel bereits kennen, sind die beste Entscheidungshilfe, bevor man eine App herunterlädt oder gar kauft. Die Store-App rückt diese wichtige Information in den Mittelpunkt und macht vor allem transparenter, wie eine App genau von ihren Benutzern bewertet wird. Und auch weitere wichtige Informationen finden Sie in der Beschreibung jeder App (von oben nach unten):

- Ganz oben finden Sie eine Beschreibung der App. Falls diese nicht vollständig auf den Bildschirm passt, können Sie sich mit dem Link *Mehr* den Rest anzeigen lassen.

- Darunter sehen Sie Bildschirmfotos der App, um sich einen visuellen Eindruck verschaffen zu können. Bei Universal-Apps, die sowohl auf PCs und Tablets als auch auf Smartphones mit Windows-Betriebssystem laufen, können Sie zwischen Abbildungen der *PC-* und der *Telefon*-Oberfläche umschalten.

- Dann kommen auch schon die Bewertungen und Rezensionen anderer Benutzer, wobei eine Tabelle Aufschluss gibt, wie sich die durchschnittliche Bewertung genau zusammensetzt. So erkennen Sie schnell, ob eine App einheitlich gut bewertet wird oder ob die Meinungen der Anwender doch eher geteilt sind.

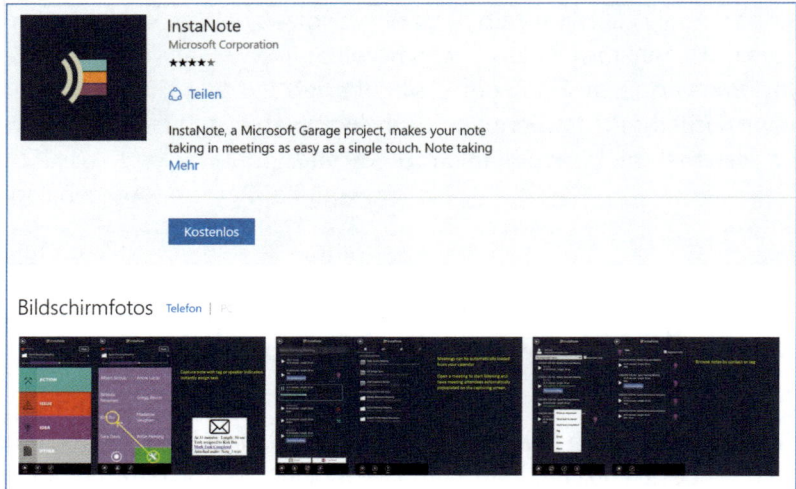

- Daneben lesen Sie die Rezensionen, die von den meisten Anwendern als hilfreich bewertet wurden. Gerade wenn es sehr viele Bewertungen sind, kann man sich mit *Alle anzeigen* einen noch besseren Überblick verschaffen.

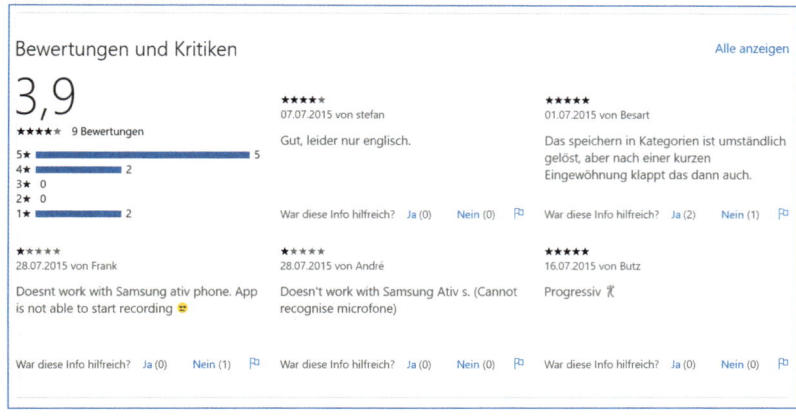

- Darunter finden Sie weitere Details, wie beispielsweise die empfohlene Hardware oder unterstützte Prozessoren (x86, x64 und/oder ARM). Außerdem werden am rechten Rand ähnliche Apps und andere Apps vom selben Anbieter aufgelistet.

Installieren können Sie Apps oben über die Schaltfläche, die mit *Kostenlos* bzw. bei Kauf-Apps mit dem Preis beschriftet ist.

Eine bestimmte App im Store direkt finden

Sie haben von einer bestimmten tollen App gehört und wollen diese selbst ausprobieren? Dann finden Sie sie am schnellsten, wenn Sie nach dem Namen oder einem typischen Begriff der App suchen.

1 Auf allen Seiten der Store-App finden Sie oben rechts ein Eingabefeld *Suchen*.

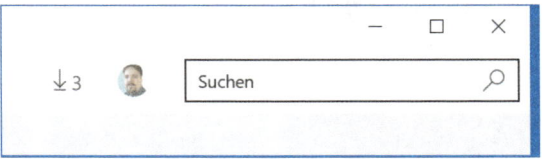

2 Tippen Sie hier einfach einen Suchbegriff ein.

3 Sowie Sie genügend Zeichen eingegeben haben und die Suche etwas Passendes dazu gefunden hat, bietet sie Ihnen das direkt unter dem Suchfeld an.

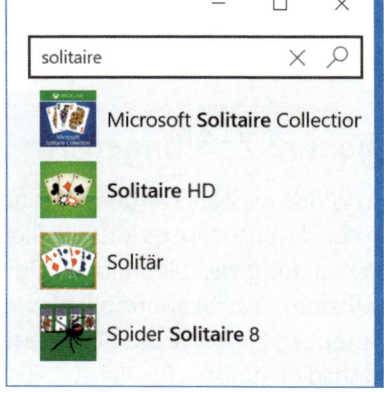

4 Alternativ können Sie einfach jederzeit ⏎ drücken, um die Such-
ergebnisse direkt in der Store-App zu sehen, wo Sie auch noch ein
bisschen mehr erfahren. So wird hier z. B. zu jeder App gleich eine Bewertung angezeigt.

5 Tippen Sie auf einen der Einträge, um die Details zur App anzuzeigen
und diese gegebenenfalls wie vorangehend beschrieben zu installieren.

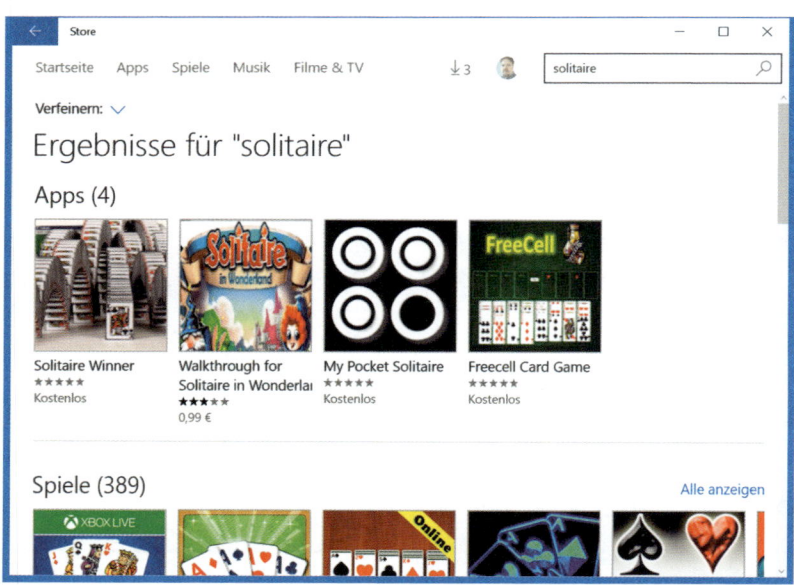

Sichere Zahlungen für Apps und Inhalte

Im Windows Store werden nicht nur kostenlose Apps zum Download ange-
boten. Ebenso gibt es kostenpflichtige Apps, für die Sie bezahlen müssen.
Die Zahlung wickelt unabhängig vom Softwareanbieter immer Microsoft
selbst ab. Als Bezahlmöglichkeiten stehen Kreditkarte (Visa, Mastercard,
American Express), das SEPA-Lastschrift-Verfahren sowie der Onlinezah-
lungsdienstleister PayPal zur Auswahl. Haben Sie Ihre Zahlungsinforma-

tionen einmal hinterlegt, können Sie diese beliebig oft verwenden und jeweils mit wenigen Klicks oder Fingertipps Apps erwerben.

Zahlen per PayPal

Wenn Sie PayPal als Zahlungsdienstleister wählen, brauchen Sie im Store zunächst nur eine Rechnungsadresse anzugeben. Dafür werden Sie anschließend auf die PayPal-Website umgeleitet, auf der Sie sich mit Ihren PayPal-Zugangsdaten ausweisen müssen. Das sieht genauso aus wie bei einer PayPal-Transaktion, nur müssen Sie diesmal nicht direkt etwas bezahlen. Stattdessen ermächtigen Sie Microsoft, in Zukunft Beträge, die durch Ihre App-Käufe im Store anfallen, immer über Ihr PayPal-Konto abzurechnen.

---

1 Klicken oder tippen Sie in der App auf Ihr Benutzersymbol oben neben der Suchleiste. Wählen Sie im so geöffneten Menü am rechten Rand *Zahlungsoptionen*.

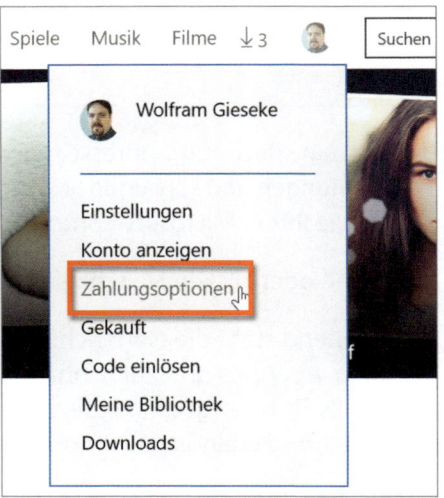

2 Die Store-App leitet Sie nun an den Browser weiter und bittet Sie, sich mit dem Kennwort Ihres Microsoft-Kontos dort anzumelden.

3 Hier können Sie mit *Zahlungsoption hinzufügen* Ihre bevorzugte Bezahlmethode festlegen. Wählen Sie dazu zunächst oben die Art der Zahlung aus. Dementsprechend verändert sich das Formular, das Sie darunter ausfüllen müssen.

Verwalten Sie Ihre Zahlungsoptionen

DE - Persönliches Konto

⊖ Zahlungsoption hinzufügen

○ Kredit-/Kundenkarte ◉ SEPA-Lastschrift ○ PayPal

IBAN-Nummer

IBAN-Nummer bestätigen

Name des Kontoinhabers

- Name des Kontoinhabers eingebe...

BIC

4 Auch eine Rechnungsadresse müssen Sie angeben. Trotzdem wird für Rechnungen und sonstigen Schriftverkehr die E-Mail-Adresse verwendet, die Ihrem Microsoft-Konto zugeordnet ist.

5 Tippen oder klicken Sie schließlich ganz unten auf *Weiter*.

Anschließend steht die eingerichtete Zahlungsart in der Store-App zum Bezahlen von Apps und auch Inhalten wie Musik oder Filmen zur Verfügung. Falls Sie besorgt sind: Jede einzelne Transaktion muss immer nochmals mit Ihrer Zugangsberechtigung bestätigt werden.

Kostenpflichtige Apps kaufen und herunterladen

Haben Sie eine Zahlungsart für den Windows Store eingerichtet, können Sie jederzeit auch kostenpflichtige Apps herunterladen. Da Sie sich mit einem Microsoft-Konto im Store registriert haben, wird dieser Kauf beim

Download auch bei Microsoft vermerkt. Selbst wenn Sie z. B. Windows auf Ihrem PC neu installieren, bleiben Ihre App-Käufe also erhalten, und Sie können die Apps nach der Installation wieder kostenlos herunterladen. Außerdem dürfen Sie die meisten gekauften Apps auf bis zu fünf Windows-PCs herunterladen und nutzen. Voraussetzung ist, dass diese PCs alle mit dem Microsoft-Konto verknüpft sind, das Sie beim Kauf verwendet haben.

1 Wenn eine App kostenpflichtig ist, finden Sie in ihren Details anstelle der Schaltfläche *Kostenlos* den Kaufpreis vor. Klicken oder tippen Sie darauf.

2 Anschließend müssen Sie den Zugriff auf Ihr Microsoft-Konto mit Ihrer Zugangsberechtigung autorisieren. Selbst wenn Sie Ihren PC also mal jemand anderem überlassen, kann der nicht sofort auf Ihre Rechnung Apps, Musik oder Filme kaufen.

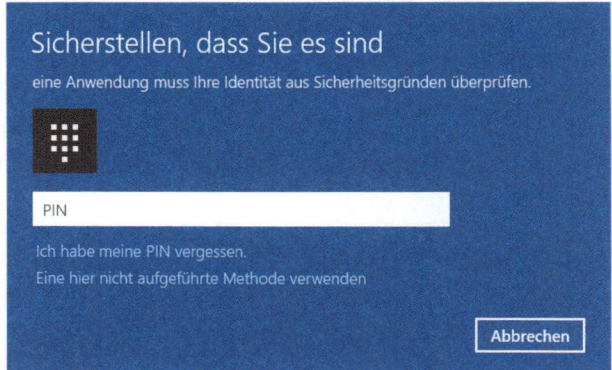

3 Nun werden die Details des Kaufes noch einmal zusammengefasst. Dies ist die letzte Chance, den Kauf abzubrechen oder auch die Zahlweise zu *Ändern*. Wenn Sie auf *Kaufen* klicken, wird das Geld abgebucht, und Sie können auch später nicht mehr vom Kauf zurücktreten.

Anschließend wird die gekaufte App umgehend heruntergeladen und steht direkt zur Verfügung.

Installierte Apps kontrollieren und aufräumen

Gerade weil das Herunterladen und Installieren mit dem Windows Store buchstäblich nur einen Mausklick entfernt ist, ist es verführerisch, hier mal zu probieren und dort mal zu testen. Bei Bedarf können Sie sich schnell einen Überblick über Ihre aus dem Store installierten Apps verschaffen und gegebenenfalls aufräumen.

1 Starten Sie die Store-App und klicken Sie auf Ihr Benutzersymbol links neben dem Suchfeld.

2 Wählen Sie im so geöffneten Menü den Punkt *Meine Bibliothek*.

3 Die Store-App präsentiert Ihnen dann eine Übersicht der Apps, die Sie auf Ihrem PC installiert haben.

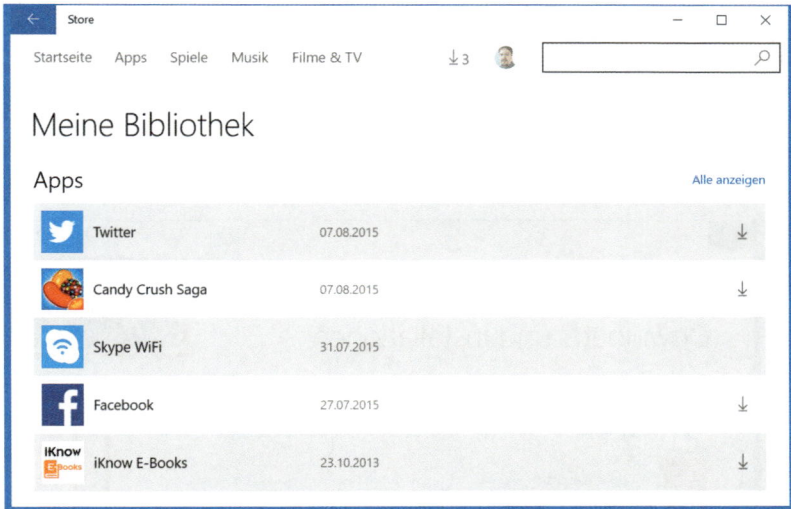

4 Wie üblich können Sie auf jeden Eintrag klicken bzw. tippen, um mehr über eine konkrete App zu erfahren.

Updates für Apps herunterladen

Einer der großen Vorteile des Windows Store ist, dass er selbst das Aktualisieren der Apps erledigt, wenn das nötig ist. Meist brauchen Sie sich also gar nicht darum zu kümmern. Sollten doch mal Eingriffe nötig sein, erkennen Sie dies im Store an einer Meldung rechts neben Ihrem Benutzersymbol.

1 Tippen oder klicken Sie darauf, um die Seite mit den App-Updates zu öffnen.

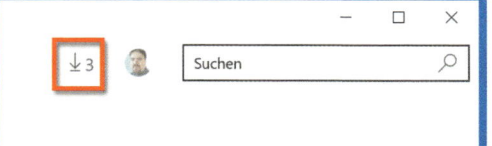

2 Hier sind alle Apps, für die Updates vorliegen, die noch nicht durchgeführt werden konnten. Mit *Details anzeigen* können Sie gegebenenfalls die Ursache für Probleme erfahren.

3 Verwenden Sie das Kreissymbol, um ein Update für ausgewählte Apps erneut durchzuführen.

4 Mit *Nach Updates suchen* oben rechts starten Sie jederzeit eine erneute Suche nach neuen Updates.

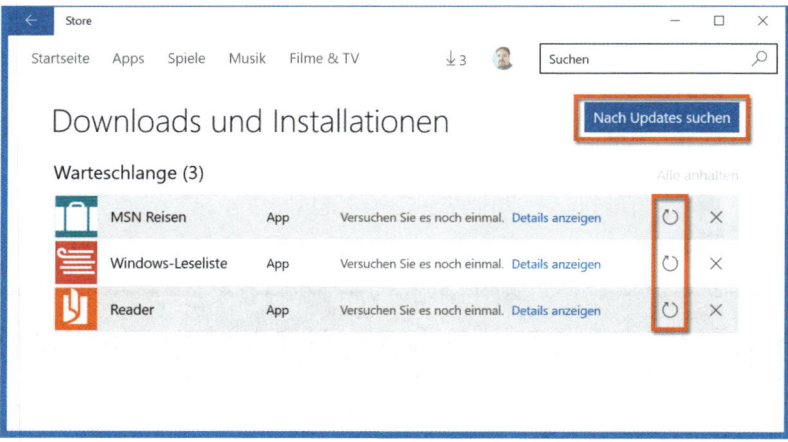

Die Updates werden im Hintergrund ressourcenschonend übertragen und angewendet. Sie können Ihren PC währenddessen uneingeschränkt weiter nutzen.

7. Mehr Sicherheit – PC und Daten schützen

In früheren Zeiten für notorische Sicherheitsprobleme bekannt, hat Microsoft das Windows-System mittlerweile konsequent auf Sicherheit getrimmt. Zwar ist es als meistverbreitetes Betriebssystem immer noch Ziel vieler Angriffe, aber wer seinen PC stets auf dem aktuellen Stand hält und sinnvoll vor Schädlingen schützt, ist recht sicher unterwegs. Dazu tragen Funktionen wie der Windows Defender und die Windows-Firewall ebenso bei wie InPrivate-Surfen oder der SmartScreen-Filter gegen gefährliche Inhalte. Um das alles im Blick zu behalten, leistet das neue Info-Center gute Dienste.

Das Benachrichtigungssymbol im Infobereich

Das Benachrichtigungssymbol im Infobereich kanali-siert alle Informationen über den aktuellen Windows-Status. Weniger wichtige Hinweise werden dabei nur  signalisiert und können nach Bedarf abgerufen werden. Bei kritischen Situationen gibt es hingegen deutliche unübersehbare Hinweise.

1 Üblicherweise wird das Symbol einfach unauffällig mit hellem Umriss auf dunklem Hintergrund dargestellt. Das bedeutet: Das System ist sicher, und es sind keine unmittelbaren Maßnahmen erforderlich.

2 Liegen Warnhinweise vor, verändert sich das Symbol und wird nun deutlich eingefärbt, sodass es sich optisch von den anderen Systemsymbolen unterscheidet.

3 Mit einem Klick darauf erfahren Sie, was los ist. Das Info-Center zeigt die aktuellen Meldungen an. Wird hier *Keine neuen Benachrichtigungen* angezeigt, ist mit Ihrem PC alles in bester Ordnung.

4 Liegen Meldungen vor, können diese meist direkt angeklickt werden und führen Sie dann ohne Umwege zu den entsprechenden Einstellungen oder Funktionen, mit denen das Problem behoben werden kann. Solange es keine wichtigen Meldungen sind, erfordern sie aber nicht unbedingt ein sofortiges Eingreifen.

5 Wenn das Problem erfolgreich korrigiert wurde, verschwindet die dazugehörige Meldung automatisch aus dem Info-Center. Wollen Sie nichts unternehmen, aber auch nicht mehr ständig darauf hingewiesen werden, können Sie einzelne Meldungen mit dem *x*-Symbol löschen oder die Liste oben mit *Alle löschen* komplett leeren.

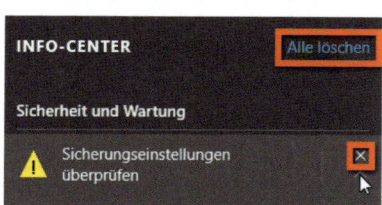

Die richtige Reaktion auf kritische Sicherheitshinweise

Neben eher harmlosen Dingen wie einem verpassten Update von Virensignaturen gibt es deutlich kritischere Situationen – etwa dann, wenn Firewall oder Antivirenprogramm plötzlich deaktiviert sind und den PC schutzlos zurücklassen. In solchen Fällen gibt es zusätzliche Sicherheitshinweise:

1 So erscheint beim ersten Auftreten der kritischen Situation ein ausführlicher Hinweis im Infobereich. Dieser wird aber nach kurzer Zeit automatisch ausgeblendet.

2 Haben Sie die Möglichkeit zum direkten Anklicken des Hinweises verpasst, macht das nichts. Öffnen Sie einfach mit dem Benachrichtigungssymbol das Info-Center.

3 Hier finden Sie die Nachricht. Diese können Sie nicht nur lesen, sondern meist auch anklicken. Die Wirkung ist dabei unterschiedlich: Häufig führt ein Klick Sie zu den entsprechenden Einstellungen. Teilweise, wie in diesem Beispiel, führt der Klick auch direkt eine Konfigurationsänderung herbei, die den kritischen Zustand beendet.

Lästige Warnungen dauerhaft loswerden

Wenn bestimmte Hinweise lästig und überflüssig sind, können Sie diese deaktivieren. Dies klappt allerdings nicht immer zuverlässig. Einige hartnäckige Hinweise von Windows selbst können Sie leider nicht loswerden. Dafür ist der Bereich *Sicherheit und Wartung* der klassischen Systemsteuerung der bessere Ansprechpartner.

1 Beschwert sich das Info-Center mit einem für Sie unnötigen Hinweis, klicken Sie mit der rechten Maustaste auf diese Meldung.

2 Klicken Sie dann im Kontextmenü auf *Benachrichtigungen für diese App deaktivieren*.

3 Die Meldung wird dadurch ausgeblendet und gleichzeitig bekommen Sie keine weiteren Hinweise auf denselben Sachverhalt.

4 Das eigentliche Problem ist damit selbstverständlich nicht gelöst. Deshalb sollten Sie diesen Schritt nur gehen, wenn Sie sicher sind, dass dieses Thema anderweitig gut gelöst ist und auch auf Dauer bleibt.

Vorübergehende Ruhe vor Warnhinweisen

Damit Sie nicht beispielsweise beim Spielen oder beim Filmgenuss von Warnmitteilungen belästigt werden, kennt das Info-Center den Ruhemodus. Ist dieser aktiviert, werden neue Meldungen einfach nur gesammelt. Es gibt aber (abgesehen vom Aussehen des Benachrichtigungssymbols) keine sichtbaren Hinweise auf vorliegende Probleme.

1 Um den Ruhemodus zu aktiveren, öffnen Sie das Info-Center und klicken unten auf die *Ruhezeiten*-Schaltfläche.

2 Diese wird dann als aktiv eingefärbt. Sie erhalten nun keine optischen oder akustischen Hinweise auf Probleme mehr.

3 Tippen Sie später erneut auf die *Ruhezeiten*-Schaltfläche, um die Hinweise wieder zu aktivieren.

Die Ruhezeiten sind als vorübergehende Lösung vorgesehen, um nicht zu unpassender Zeit gestört zu werden. Als dauerhafte Möglichkeit, Probleme auszublenden, eignen sie sich nicht. Nur wer regelmäßig einen Blick auf das Benachrichtigungssymbol bzw. ins Info-Center wirft, sollte *Ruhezeiten* dauerhaft aktiviert lassen.

Wichtig: Windows immer auf dem neuesten Stand halten

Ohne Onlineupdates wäre die Sicherheit eines Betriebssystems heute nicht mehr zu gewährleisten. Ständig werden neue Sicherheitslücken oder auch andere Fehler entdeckt

> ### Windows Update
>
> Es sind Updates verfügbar.
>
> • Sicherheitsupdate für Windows 10 für x64-basierte Systeme (KB3074667)
>
> Details

und erfordern das Einspielen von Aktualisierungen. Bei Windows ist die Updatefunktion fest in das Betriebssystem integriert und arbeitet standardmäßig vollautomatisch. Wer wissen will, was Microsoft ihm regelmäßig auf die Festplatte schaufelt, kann das aber auch selbst kontrollieren.

1 Öffnen Sie die *Einstellungen* und wechseln Sie dort in die Kategorie *Update und Sicherheit*. Darin landen Sie automatisch in der Untergruppe *Windows Update*.

2 Rechts oben sehen Sie direkt den Updatestatus Ihres PCs. Wird hier nicht auf wichtige Updates hingewiesen, besteht kein akuter Handlungsbedarf. Sie können aber trotzdem mit *Nach Updates suchen* sicherstellen, dass auch keine weniger wichtigen Aktualisierungen vorliegen.

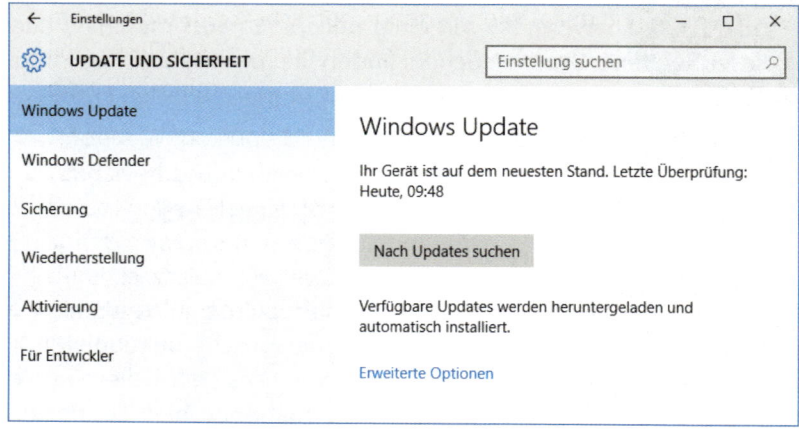

3 Liegen Updates vor, können Sie sich über die *Details* informieren und das Herunterladen und Installieren des Updates begleiten, was je nach Umfang ein Weilchen dauern kann.

Ausführliche Informationen zu Updates

Microsoft versieht Updates in der Regel mit einer Referenznummer, die auf die Wissensdatenbank (Knowledge Base) verweist. Diese Referenznummer besteht aus dem Kürzel KB und einigen Ziffern, also z. B. KB123456. Wenn Sie mit einer beliebigen Suchmaschine nach dieser Referenznummer suchen, finden Sie meist sehr schnell Informationen zu dem Update bzw. dem zugrunde liegenden Problem.

Updates bei Problemen mittels Rollback rückgängig machen

Sollten durch ein Update wider Erwarten Probleme auftreten oder eine wichtige Anwendung nun nicht mehr wie gewünscht funktionieren, können Sie Updates auch rückgängig machen. Dies sollte allerdings eine Ausnahme für wirklich problematische Situationen bleiben. Prinzipiell sind gerade wichtige Updates für die Sicherheit Ihres PCs unerlässlich. Außerdem kann das Deinstallieren einzelner Updates wiederum neue Probleme verursachen. Deshalb ist es bei manchen Updates auch von vornherein ausgeschlossen.

1 Öffnen Sie in den PC-Einstellungen *Update und Sicherheit/Windows Update* und öffnen Sie dort *Erweiterte Optionen*.

2 Klicken Sie dort auf den Link *Updateverlauf anzeigen*.

3 Klicken Sie im Updateverlauf ganz oben auf *Updates deinstallieren*.

4 Damit öffnen Sie eine Liste der installierten Updates. Diese können Sie z. B. anhand der Spalte *Installiert am* (ganz rechts) sortieren lassen, um die zuletzt installierten Updates nach oben zu bringen.

Die klassische Windows-Firewall für zuverlässigen Basisschutz

Angesichts der Gefahren im Internet ist eine Firewall eine unerlässliche Maßnahme. Sie filtert unerwünschte und potenziell gefährliche Pakete und Anfragen aus dem Datenstrom heraus und verhindert so, dass sie auf den PC gelangen. So werden die Zugänge des PCs vor unerwünschten Gästen geschützt, und auch bösartige Angriffe wie Portscans und Denial-of-Service-Attacken werden abgewehrt. Windows bringt hierfür seine Firewall mit, die grundsätzlich zwei Arten von Netzwerken unterscheidet:

- In privaten Netzwerke zu Hause oder an einem Arbeitsplatz sind der Datenaustausch und das Teilen von Ressourcen möglich, und die Firewall-Einstellungen sind weniger restriktiv.

- Gast- oder öffentliche Netzwerke wie z. B. offene WLAN-Hotspots behandelt Windows wesentlich restriktiver. Datenaustausch und Ressourcenfreigabe werden unterbunden, eine Internetverbindung kann genutzt werden, unterliegt aber einer strengen Kontrolle bezüglich der Art der übertragenen Daten.

1 Um die *Windows-Firewall* einzustellen, öffnen Sie zunächst das gleichnamige Modul der klassischen Systemsteuerung.

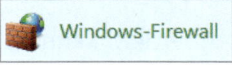

2 Im anschließenden Menü können Sie den aktuellen Status einsehen. Für private und öffentliche Netzwerke ist jeweils eine eigene Übersicht vorhanden, und Sie können dieselben – getrennten – Einstellungen für beide Arten von Netzwerken vornehmen.

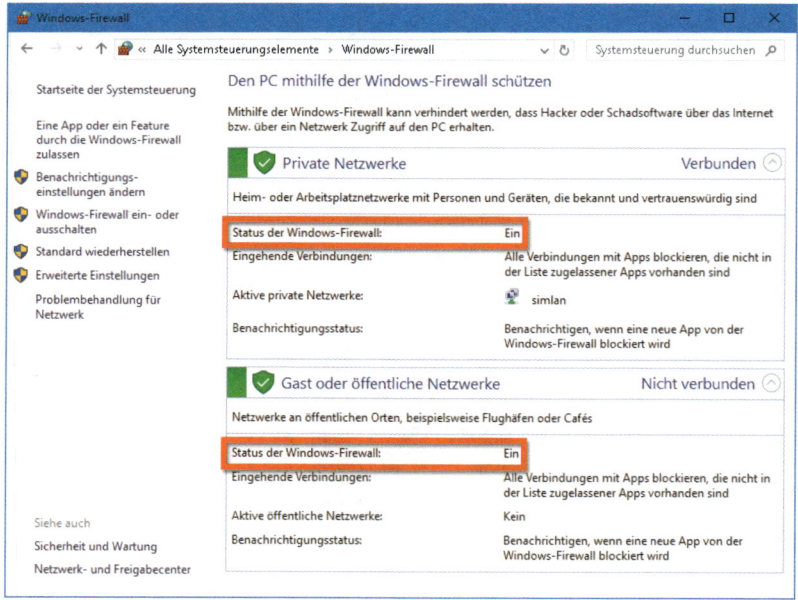

3 Um die Konfiguration der Firewall zu verändern, klicken Sie links auf *Windows-Firewall ein- oder ausschalten*. So öffnen Sie die eigentlichen Firewall-Einstellungen. Auch hier ist alles zweigeteilt, und alle Einstellungen können separat für geschlossene und öffentliche Netze vorgenommen werden:

- Standardmäßig ist die Schutzfunktion mit *Windows-Firewall aktivieren* eingeschaltet und läuft mit Basisregeln, die die üblichen

Internetanwendungen zulassen. Damit sind Sie vor Portscans, Trojanern etc. schon recht gut geschützt.

- Insbesondere für mobile PCs, die hin und wieder an öffentlichen Netzwerken wie z. B. WLANs betrieben werden, ist die Option *Alle eingehenden Verbindungen blockieren, einschließlich der in der Liste der zugelassenen Apps* gedacht. Sie ignoriert auch definierte Ausnahmeregeln und bietet so noch mehr Schutz.

- Die Option *Benachrichtigen, wenn eine neue App von der Windows-Firewall blockiert wird* setzt Sie davon in Kenntnis, wenn die Firewall aktiv ins Geschehen eingreift. Das ist sinnvoll, da ansonsten Anwendungen mit Internetzugriff nicht funktionieren und Sie nicht erfahren, warum das so ist.

- Die Firewall mit *Windows-Firewall deaktivieren* auszuschalten, empfiehlt sich nur, wenn Sie stattdessen andere, mindestens ebenbürtige Schutzmaßnahmen ergreifen.

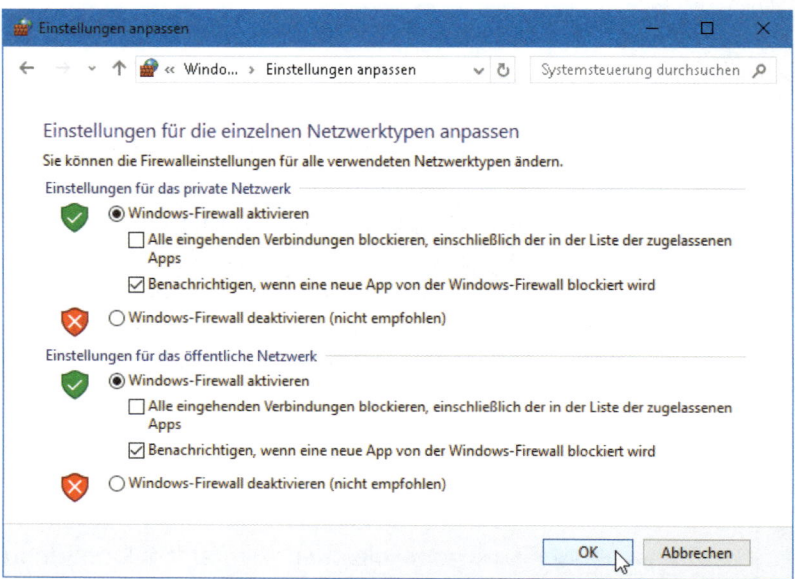

4 Wenn Sie die geänderte Einstellung mit *OK* übernehmen, wird die Firewall-Funktion entsprechend Ihrer Auswahl eingestellt. Dies ist ohne Neustart möglich, sodass Sie den Modus auch während des Betriebs jederzeit schnell wechseln können.

Schalten Sie für Ihre Onlineprogramme den Internetzugang frei

Die Windows-Firewall kontrolliert alle Programme, die vom PC aus Daten ins Internet übertragen wollen. Schließlich könnte es sich dabei ja um Trojaner oder andere schwarze Schafe handeln. Wenn Sie eine Internetanwendung zum ersten Mal starten, müssen Sie deshalb Windows beibringen, dieses Programm zu akzeptieren.

1 Wenn ein Programm auf das Internet zugreifen möchte, das die Windows-Firewall bislang nicht in der internen Liste verzeichnet hat, blockiert sie dessen Zugriff zunächst. Sie erhalten dazu ein Hinweisfenster.

2 Haben Sie dieses Programm selbst aufgerufen und wollen es online benutzen, können Sie wählen, ob der Zugriff nur in geschlossenen privaten Netzwerken oder auch an öffentlichen Hotspots erlaubt sein soll.

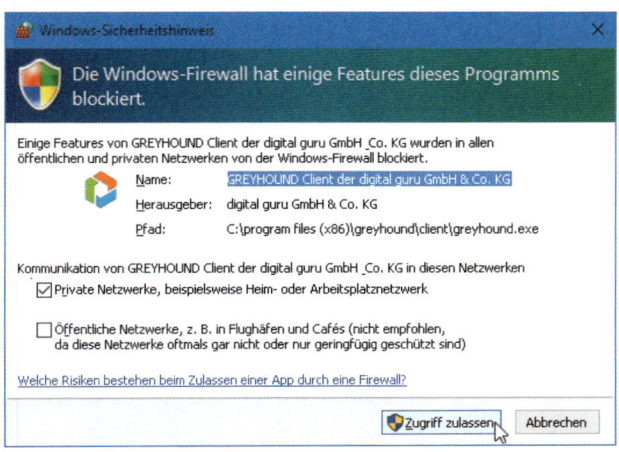

> **Nachricht beim Blockieren von Programmen**
>
> Damit das interaktive Freischalten von Anwendungen für den Internetzugriff gelingen kann, muss in den Einstellungen der Windows-Firewall die Option *Benachrichtigen, wenn eine neue App von der Windows-Firewall blockiert wird* eingeschaltet sein (siehe vorangegangenen Abschnitt).

3 Klicken Sie dann unten auf *Zugriff zulassen*.

4 Wurde das Programm versehentlich gestartet oder handelt es sich um ein Programm, das gar keine Internetfunktionen haben sollte, oder haben Sie vielleicht gar kein Programm gestartet, klicken Sie unten rechts auf die Schaltfläche *Abbrechen*. Damit wird dieses Programm auf die rote Liste gesetzt.

Mit dem Defender Schutz vor Spyware und Viren

Mit dem Windows Defender bringt Windows einen Basisschutz gegen Viren und sonstige Malware mit. Er wird bei der Windows-Installation 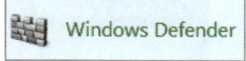 grundsätzlich aktiviert. Nur wenn ein alternatives Sicherheitsprogramm vorhanden ist, das alle Funktionen des Windows Defender übernimmt, deaktiviert Windows ihn automatisch. Der Schutz des PCs beruht dabei auf zwei Säulen:

- Das System wird mit regelmäßigen Scans überprüft.
- Der Echtzeitschutz überwacht laufend Dateiaktionen und ausgeführte Programme auf verdächtige Spuren.

Neben den automatischen Überprüfungen nach Zeitplan lassen sich auch jederzeit manuelle Überprüfungen durchführen. So können Sie z. B. ergänzend zu den regelmäßigen schnellen Überprüfungen hin und wieder auch mal eine gründliche vollständige Überprüfung durchführen.

1 Die manuellen Überprüfungen führen Sie direkt in der Rubrik *Startseite* aus. Hier finden Sie rechts eine Auswahl für die Art der Überprüfung, z. B. *Vollständig*.

2 Wählen Sie die gewünschte Variante aus und klicken Sie dann darunter auf *Jetzt überprüfen*.

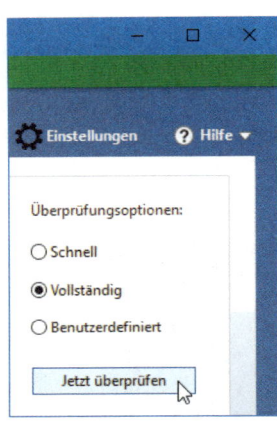

3 Der Windows Defender beginnt nun mit der Überprüfung der Dateien. Je nach Umfang kann das vor allem bei einer vollständigen Prüfung etwas dauern. Sie können das Programm aber in der Zeit minimieren und weiterarbeiten.

4 Solange nichts Ungewöhnliches gefunden wird, wechselt der Windows Defender nach Abschluss der Überprüfung wieder zur Startseite. Hier finden Sie nun eine kleine Statistik und eine Bestätigung.

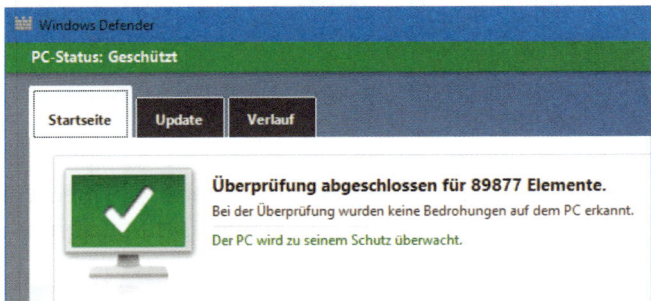

Die Überprüfung auf bestimmte Laufwerke oder Ordner beschränken

Sie können auch gezielt einzelne Ordner oder Laufwerke überprüfen. So lässt sich z. B. eine DVD oder ein USB-Stick ungewisser Herkunft schnell kontrollieren, bevor Sie auf die Daten zugreifen.

1 Wählen Sie dazu die Option *Benutzerdefiniert*.

2 Nach dem Klick auf *Jetzt überprüfen* können Sie in einem zusätzlichen Dialog die zu überprüfenden Bereiche auswählen.

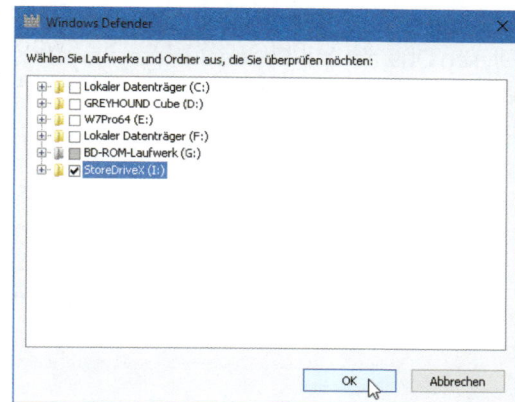

3 Setzen Sie dazu die Häkchen bei den entsprechenden Ordnern bzw. Laufwerken.

4 Klicken Sie dann auf *OK*, um die Überprüfung dieser Bereiche zu starten.

Im Falle eines Falles: So gehen Sie mit gefundener Malware um

Der Windows Defender läuft permanent im Hintergrund und kontrolliert alle Dateioperationen. Wird er fündig, geschieht das ohne großes Aufsehen. Nur an der Änderung des Benachrichtigungssymbols erkennen Sie gegebenenfalls, dass etwas passiert ist. Wenn Sie das Info-Center öffnen, erfahren Sie Näheres.

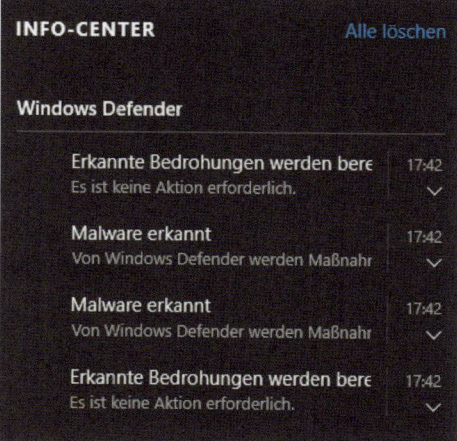

Grundsätzlich verschiebt der Defender alle als schädlich befundenen Dateien in einen speziellen Quarantäne-Ordner, sodass sie nicht mehr versehentlich geöffnet werden können. Dort verbleiben sie neutralisiert. Diesen Quarantäne-Ordner können Sie jederzeit einsehen und nachschauen, ob und welche Dateien sich darin angesammelt haben.

1 Starten Sie den Windows Defender und öffnen Sie den *Verlauf*.

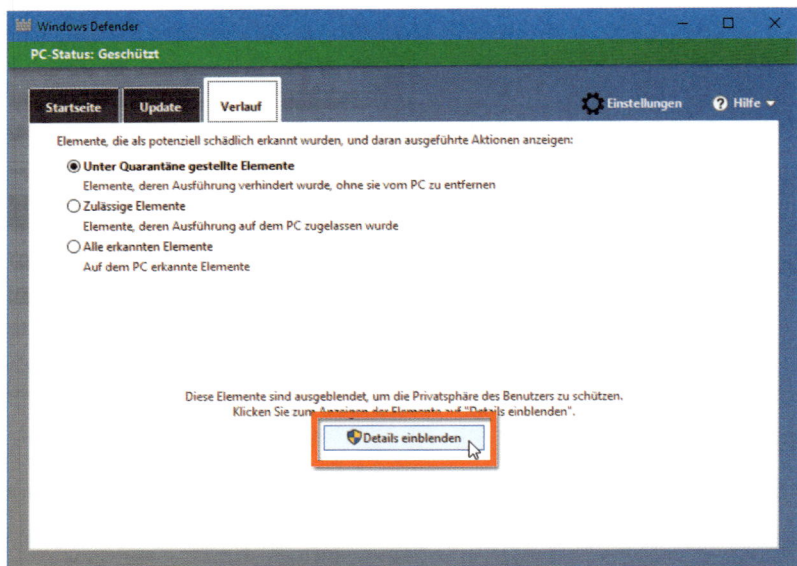

2 Ist hier die Option *Unter Quarantäne gestellte Elemente* gewählt, zeigt die Liste unten alle Objekte an, die sich derzeit in Quarantäne befinden. Wenn die Liste leer ist, klicken Sie unten auf *Details einblenden*, um wirklich alle Informationen sehen zu können.

3 Um eines der Elemente in Quarantäne näher zu untersuchen, klicken Sie es in der Liste an. Im Bereich darunter können Sie dann erfahren, welche Datei genau betroffen ist und um welchen Schädling es sich handelt. Mit dem Link *Online weitere Informationen zu diesem Element abrufen* können Sie auch Näheres darüber erfahren.

4 Mit den Häkchen vor den Einträgen können Sie mehrere Objekte auf einmal auswählen und dann entscheiden, was damit geschehen soll. Um das oder die markierten Objekte endgültig zu entfernen, klicken Sie auf *Entfernen*. Um alle Elemente aus der Liste zu entfernen, verwenden Sie *Alle entfernen*.

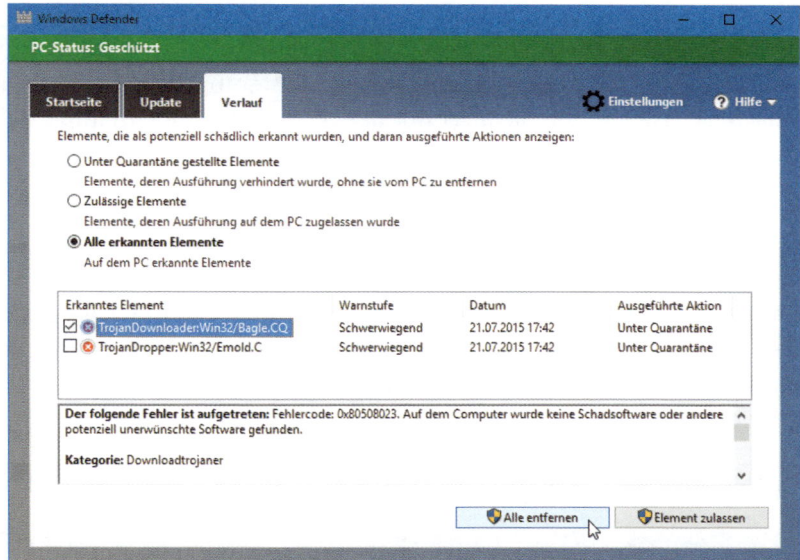

5 Sind Sie ganz sicher, dass der Windows Defender danebenliegt und ein angezeigtes Objekt definitiv keinen Schädling enthält, können Sie es mit *Element zulassen* wieder aus der Quarantäne entlassen. Die Datei wird dann an der ursprünglichen Stelle im Dateisystem wiederhergestellt.

Schutz und Komfort mit ESET Security

Wenn Sie anstelle des Windows Defender eine alternative Sicherheitslösung mit mehr Funktionen ausprobieren möchten, kann ich Ihnen die Schutzsoftware von ESET ans Herz legen. Auf der letzten Seite dieses Buches finden Sie einen Aktivierungscode, mit dem Sie diese Anwendung für 90 Tage kostenlos nutzen können.

Wie auch der Defender arbeitet ESET unauffällig im Hintergrund und meldet sich nur bei Ihnen, wenn ein Vorfall Ihre Aufmerksamkeit erfordert. Damit sind nicht unbedingt immer  Vireninfektionen gemeint. ESET überwacht beispielsweise auch Windows Update und macht Sie auf wichtige Systemupdates aufmerksam. Üblicherweise werden Sie aber nur das dezente Symbol im Infobereich zu sehen bekommen.

Wenn Sie darauf doppelklicken, öffnen Sie die Startseite des Programms, wo Sie auf einen Blick den Sicherheitsstatus Ihres PCs kontrollieren können. Sehen Sie oben einen grünen Haken mit der Bemerkung *Maximaler Schutz*, ist alles in Ordnung. Eventuell liegen trotzdem Hinweise auf Updates oder Ähnliches vor. Darunter finden Sie Links zu häufig verwendeten Funktionen wie einer Überprüfung oder der Statistik der zurückliegenden Aktivitäten.

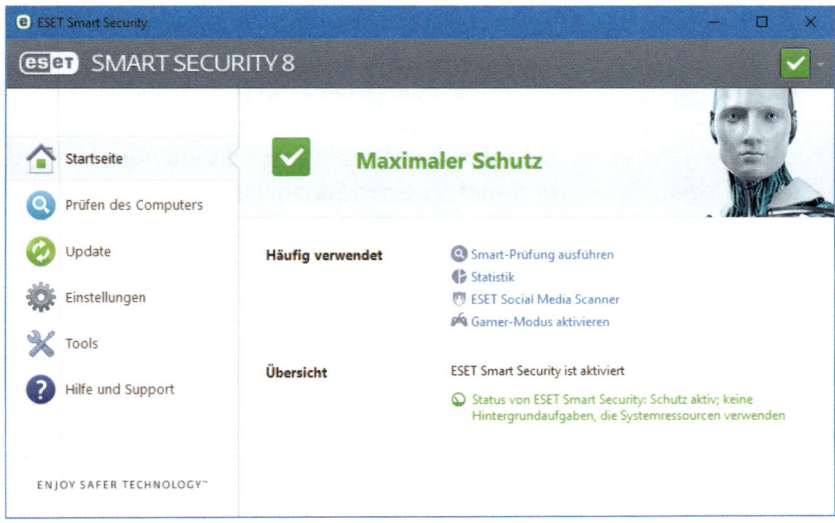

Ebenfalls praktisch ist das Kontextmenü, das Sie mit der rechten Maustaste auf dem ESET-Symbol im Infobereich öffnen.

Es bietet neben einem schnellen
Überblick einige praktische Funktionen, mit denen Sie beispielsweise den
Schutz vorübergehend deaktivieren
können, wenn eine Anwendung sich
mit aktivem Virenscanner nicht installieren lassen möchte.

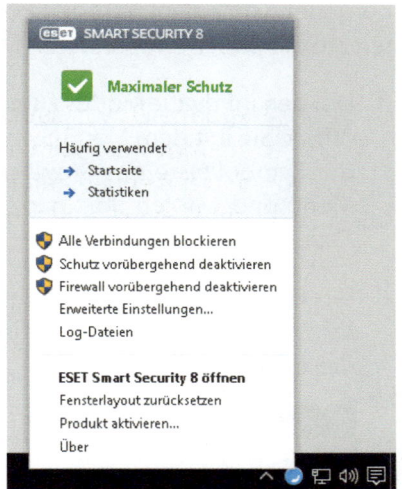

Gamer-Modus für ungestörtes Spielen oder Videoschauen

Eine Komfortfunktion, die Ihnen der Defender nicht bietet, ist beispielsweise der Gamer-Modus, den Sie auf der Startseite von ESET aktivieren
können. Solange er eingeschaltet ist, werden alle Hinweise von ESET zu-
rückgehalten und Hintergrunddienste – soweit möglich – pausiert. Das
soll ein möglichst ungetrübtes Spielvergnügen ermöglichen, ist aber
auch für einen ungestörten Filmabend mit dem PC keine schlechte Wahl.

Mit dem InPrivate–Modus vorübergehend ganz sicher surfen

Zu den Datenschutzfunktionen des Edge-Browsers gehört das InPrivate-
Surfen. Dabei verzichtet der Browser auf das Speichern aller Arten von
Daten, mit denen Ihre Aktivitäten verfolgt werden können. Selbst Coo-
kies werden nur für diese eine Surfsitzung aufbewahrt (um z. B. Online-
shopping zu ermöglichen) und anschließend sofort wieder gelöscht. Der
InPrivate-Modus eignet sich deshalb hervorragend, wenn Sie z. B. vorü-

bergehend an einem fremden PC surfen wollen oder wenn Sie Aktivitäten am eigenen PC vor anderen Mitbenutzern geheim halten möchten.

1 Um den InPrivate-Modus zu nutzen, öffnen Sie mit dem Menü-Symbol in der Symbolleiste des Browsers das Menü und wählen dort ganz oben *Neues InPrivate-Fenster.*

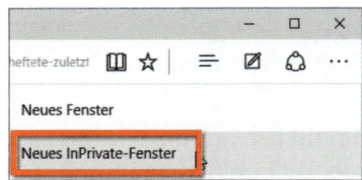

2 Der Edge-Browser öffnet dann ein neues Fenster mit dem Schriftzug *InPrivate-Browsen.* Darunter finden Sie noch mal einige Hinweise zu diesem Modus.

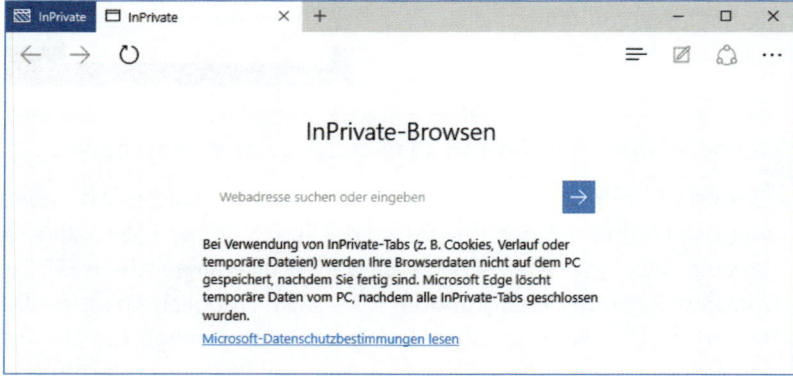

3 Wichtig ist dabei vor allem auch die Titelleiste des Browserfensters. Sie ist nun mit dem unübersehbaren Hinweis *InPrivate* versehen. Solange die

se Markierung sichtbar ist, surfen Sie weiterhin im Datenschutzmodus.

4 Sie können nun wie gewohnt surfen, shoppen und sonstigen Onlineaktivitäten nachgehen.

5 Um den InPrivate-Modus wieder zu beenden, schließen Sie einfach dieses Browserfenster.

Mit dem SmartScreen-Filter vor Onlinebetrügern schützen

Zu den größten Bedrohungen für Websurfer gehört das Abfischen von vertraulichen Informationen und Zugangsdaten. Microsoft hat den Edge-Browser deshalb mit einem Phishingfilter namens SmartScreen versehen. In der Standardeinstellung prüft der alle Webadressen, die Sie öffnen bzw. anklicken.

1 Wann immer Sie eine Webseite im Edge-Browser öffnen, gleicht der Filter deren Adresse mit einer internen Liste ab. Ist sie darin nicht enthalten, übermittelt er die URL dieser Webseite an einen Server bei Microsoft und lässt sie dort überprüfen.

2 Ist die Überprüfung abgeschlossen und die Webseite nicht verdächtig, wird sie angezeigt, und Sie können unbesorgt weitersurfen.

3 Sollte die Adresse vermerkt sein oder der Edge-Browser aus anderen Gründen stutzig werden, verweigert er zunächst das Anzeigen der Webseite. Stattdessen gibt er einen Warnhinweis aus. Gleichzeitig wird im Adressfeld der rot eingefärbte Hinweis *Unsichere Website* angezeigt.

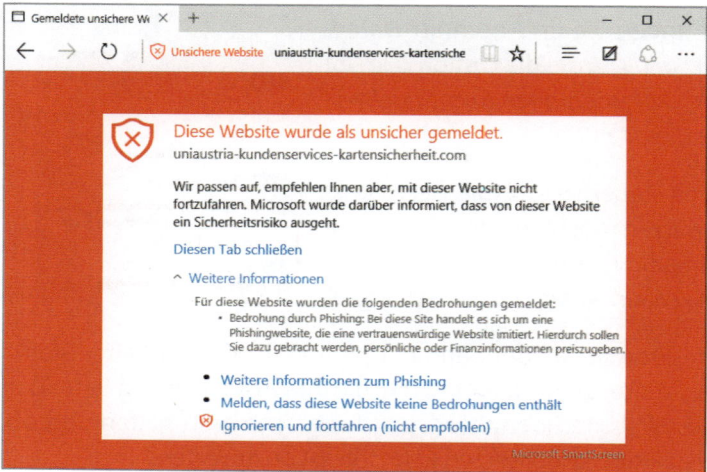

4 Sollten Sie sicher sein, dass der SmartScreen-Filter falsch liegt, können Sie die Seite mit *Ignorieren und fortfahren* trotzdem anzeigen und benutzen.

5 Hat man Sie tatsächlich ungewollt auf eine unerwünschte Seite gelotst, besteht kein Grund zur Panik. Der Edge-Browser hat diese Seite noch gar nicht geöffnet. Klicken Sie einfach auf *Diesen Tab schließen*.

Mit Do Not Track vor Werbenetzwerken schützen

Zu den Schutzfunktionen des Edge-Browsers gehört auch die Do-Not-Track-Funktion, mit der Anwender den Betreibern von Websites bzw. den dahinter stehenden Werbeagenturen mitteilen können, wenn sie nicht verfolgt und ausspioniert werden möchten. Wohlgemerkt, es geht hierbei um Ihren „Wunsch". Wenn Webanbieter diese Möglichkeit nicht unterstützen, nutzt es leider nichts, schadet aber auch nicht.

1 Öffnen Sie mit dem Menü-Symbol die Einstellungen des Edge-Browsers.

2 Rufen Sie dort ganz unten *Erweiterte Einstellungen* auf.

3 Dort finden Sie im Abschnitt *Datenschutz und Dienste* die Option „*Do Not Track*"*-Anforderungen (nicht nachverfolgen) senden*.

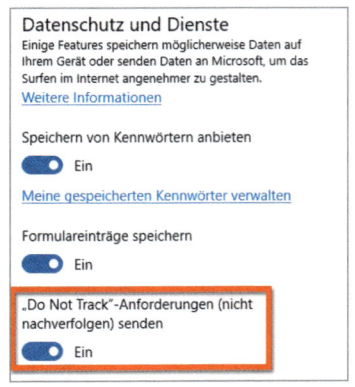

4 Hiermit steuern Sie, ob Sie diese Funktion nutzen möchten oder nicht (standardmäßig ist sie deaktiviert). Schließen Sie dann einfach die Einstellungen.

Der Edge-Browser sendet dann mit jedem Abruf einer Seite, Grafik etc. eine bestimmte Kennzeichnung mit, die Ihre Absicht an die Betreiber der jeweiligen Website übermittelt. Ob diese sich daran halten und ob die Idee sich wirklich durchsetzen kann, bleibt abzuwarten.

8. Windows-Tuning: Leistung optimieren und Strom sparen

Ein PC und sein Betriebssystem können nie schnell genug sein. Dies gilt auch für das aktuelle Windows, auch wenn es im Vergleich zu seinen Vorgängern im Hardwarehunger eher unverändert ist. Sie können selbst eingreifen, um die Performance Ihren Ansprüchen anzupassen. Windows bringt verschiedene Funktionen zum Analysieren und Bewerten der Leistung sowie zum Optimieren wichtiger Komponenten mit.

So läuft Windows auch auf älteren PCs richtig flott

Auf älteren PCs oder auf den beliebten, aber mit etwas schwachbrüstiger Hardware ausgestatteten Tablets oder Netbooks läuft das neue Windows eventuell nur behäbig. Durch Verzicht auf den einen oder anderen visuellen Effekt können Sie insgesamt flüssiger und komfortabler arbeiten. Mit wenigen Selbstversuchen lässt sich im Zweifelsfall eine gute Balance zwischen Geschwindigkeit und Komfort finden.

1 Öffnen Sie in der klassischen Systemsteuerung den Bereich *System und Sicherheit* und wählen Sie darin das Modul *System* aus. In der klassischen Ansicht der klassischen Systemsteuerung finden Sie dieses Element direkt.

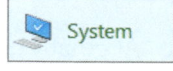

2 Klicken Sie im *System*-Modul am linken Rand auf *Erweiterte Systemeinstellungen*.

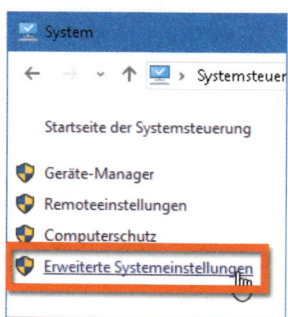

3 Klicken Sie im so geöffneten Menü auf der Registerkarte *Erweitert* oben im Bereich *Leistung* auf die Schaltfläche *Einstellungen*.

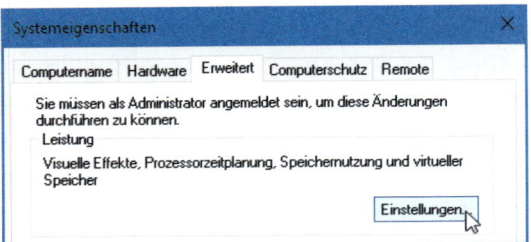

4 Damit öffnen Sie das Menü für die Leistungsoptionen. Hier können Sie auf der Registerkarte *Visuelle Effekte* im oberen Bereich z. B. pauschal *Für optimale Leistung anpassen* auswählen. Damit schalten Sie sämtliche in der Liste aufgeführten visuellen Effekte ab.

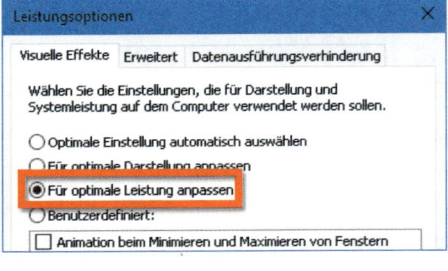

5 Alternativ gehen Sie die Liste aller Optionen durch und suchen sich gezielt diejenigen aus, auf die Sie verzichten können. Die Bezeichnungen sind meist selbsterklärend. Auch hier helfen ein paar Selbstversuche, festzustellen, welche Funktionen nun einen spürbaren Unterschied in der Leistung bewirken.

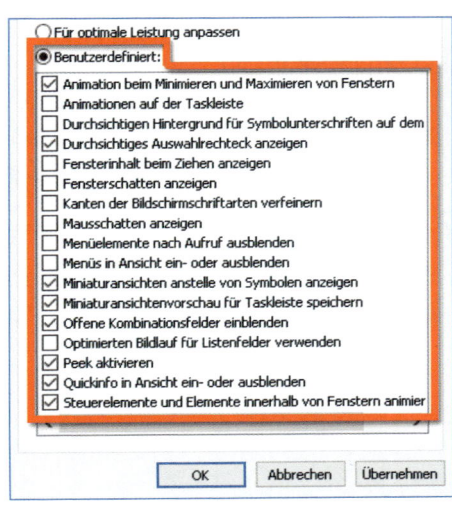

Mehr Leistung durch Verzicht auf unnötige Windows-Komponenten

Alle Editionen von Windows bringen eine Vielzahl von Komponenten und Diensten mit, die nicht unbedingt für jeden Benutzer erforderlich sind. Sie alle kosten aber Speicherplatz sowie teilweise auch Startzeit und Performance. Es kann deshalb nicht schaden, die Liste einmal durchzugehen und unnötige Systemkomponenten zu deinstallieren.

1 Öffnen Sie in der klassischen Systemsteuerung das Modul *Programme und Features*. In der Kategorie-Ansicht finden Sie diese Funktion unter *Programme/Programme und Features*.

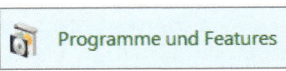

2 Wählen Sie im anschließenden Menü am linken Rand *Windows-Features aktivieren oder deaktivieren*. Warten Sie dann, bis sich das Menü gefüllt hat. Windows überprüft dazu, welche der Optionen bereits installiert sind. Diese werden in der Liste jeweils mit einem Häkchen versehen.

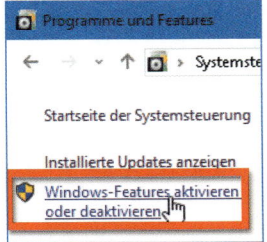

3 Nun können Sie die Liste durchgehen und schauen, welche der installierten Zusatzkomponenten Sie nicht benötigen. Entfernen Sie bei dem entsprechenden Listeneintrag das Häkchen.

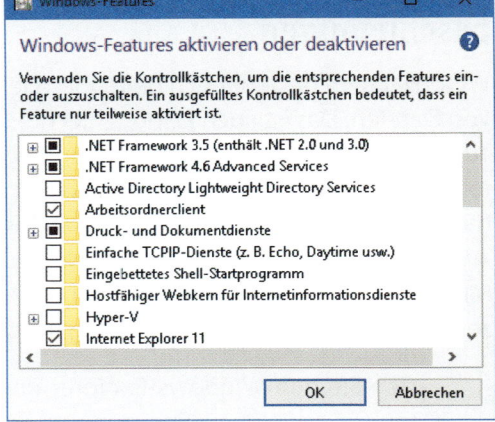

4 Haben Sie Ihre Auswahl an zu deinstallierenden Komponenten getroffen, klicken Sie unten auf *OK*. Windows nimmt dann die Änderungen an seiner Konfiguration vor. Je nach Umfang kann dies einige Minuten dauern.

Welche Komponenten sind verzichtbar?

Die meisten privaten Windows-Nutzer können bei *Druck- und Dokumentdienste* auf einen Internetdruckclient verzichten. Hyper-V (sofern vorhanden) ist nur notwendig, wenn Sie Virtualisierungsfunktionen nutzen möchten. Wenn Sie auf den mit Windows ausgelieferten Windows Media Player verzichten können, entfernen Sie das gleichnamige Häkchen unter *Medienfeatures*. Auch die XPS-Funktionen oder die Druckausgabe in PDF wird nicht jedermann benötigen, insbesondere da man dafür auch alternative Software einsetzen kann. Man sollte es mit dem Abspecken aber auch nicht übertreiben: Das .NET-Framework oder die Windows PowerShell verwenden Sie persönlich vielleicht nicht. Es sind aber Umgebungen, die von anderen Programmen oder Setup-Assistenten vorausgesetzt werden.

Die Dateianzeige im Windows-Explorer spürbar beschleunigen

Windows zeigt bei jeder sich bietenden Gelegenheit eine Miniaturansicht von Dateien. Das ist auch keine schlechte Sache, kann aber das Arbeiten ausbremsen. Wer schon mal auf leistungsschwächeren Rechnern umfangreichere Bildordner oder Verzeichnisse mit großen Videodateien geöffnet hat, kennt die Zwangspausen, die man bis zum Anzeigen aller Miniaturansichten ertragen muss. Neben dem Wechsel der Ansicht zu einer ohne Miniaturansichten (z. B. Details, Liste oder kleine Symbole) können Sie die zeitraubende Miniaturansicht auch ganz deaktivieren.

1 Starten Sie den Windows-Explorer und öffnen Sie in den Optionen (Kategorie *Ansicht*) die Registerkarte *Ansicht*.

2 Suchen Sie hier in der Liste der Einstellungen etwa in der Mitte die Option *Immer Symbole statt Miniaturansichten anzeigen* und aktivieren Sie diese.

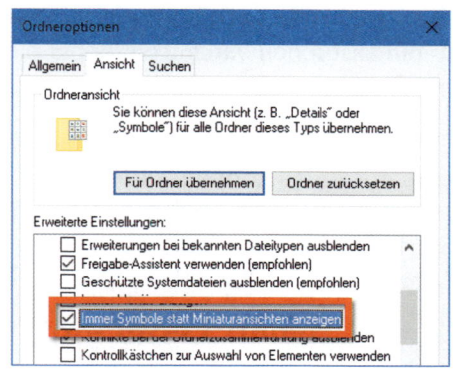

3 Klicken Sie unten auf *OK*, um die Einstellung zu aktivieren. Windows zeigt nun in allen Ansichten grundsätzlich nur ein Symbol gemäß dem Dateityp und verzichtet auf die Minivorschau.

Mit dem Task-Manager wertvolle Einblicke ins System gewinnen

Der Task-Manager veranschaulicht den Ressourcenverbrauch und hilft dabei, Leistungsbremsen aufzuspüren. Um ihn jederzeit schnell starten zu können, gibt es verschiedene Wege:

- Wenn Sie ein einprägsames Tastenkürzel bevorzugen, gewöhnen Sie sich an Strg + ⇧ + Esc.

- Mit einem Rechtsklick auf einen freien Bereich der Startleiste können Sie *Task-Manager* im Kontextmenü auswählen.

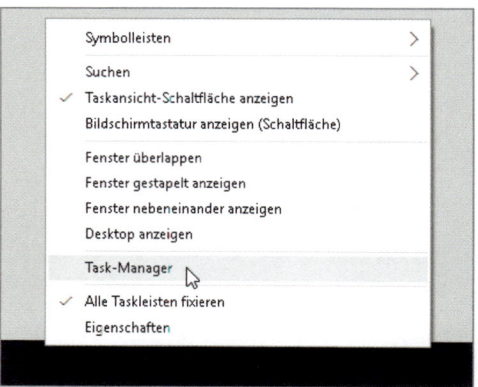

- Tippen Sie im Startmenü *task* ein. Dann können Sie links *Task-Manager* auswählen.

Der Task-Manager präsentiert sich beim ersten Start zunächst in seiner minimalistischen Variante, in der er einfach nur die laufenden Programme anzeigt.

Um alle Funktionen des Task-Managers nutzen zu können, klicken Sie am besten direkt nach dem (ersten) Start einmal unten links auf *Mehr Details*, damit der Task-Manager sich Ihnen in voller Pracht erschließt! Das Programm merkt sich diese Einstellung und startet ab dann immer in der Detailansicht, solange Sie dies nicht wieder ändern.

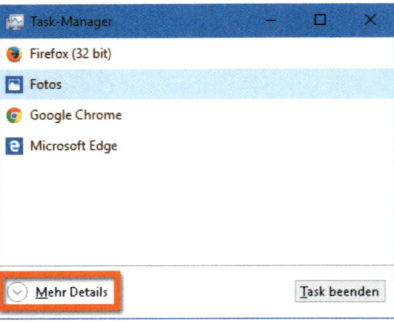

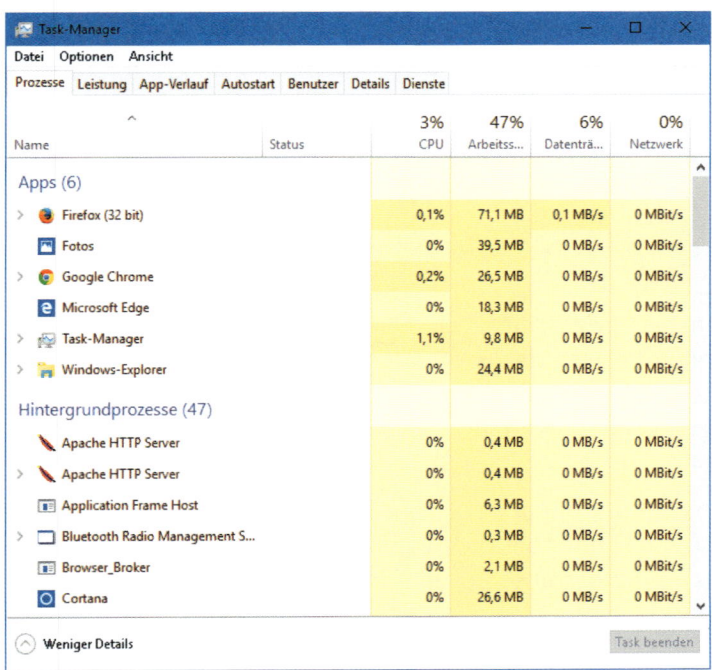

Die Kategorie *Prozesse* fasst Anwendungen und Apps, Hintergrundprozesse sowie Systemdienste übersichtlich zusammen und ermöglicht dadurch ein ausgewogeneres Bild, wo genau die großen Verbraucher von Rechenzeit, Arbeitsspeicher und Festplattenkapazität sitzen.

Prozessanalyse: Woran hängt es nun wieder?

Zu den hilfreichen Möglichkeiten des Task-Managers gehört ein tiefer gehender Einblick in die Abläufe und Abhängigkeiten eines Multitasking-Systems mit zahlreichen parallelen und aufeinander aufbauenden Prozessen. Wenn es bei einer Anwendung oder Funktion mal wieder „hängt", können Sie nun selbst nachschauen, worin genau die Ursache dafür liegt.

1 Wählen Sie die fragliche Anwendung in der Taskliste aus, klicken Sie mit der rechten Maustaste darauf und wählen Sie im Kontextmenü *Zu Details wechseln*.

2 Dadurch gelangen Sie in die Kategorie *Details*, wo der zur gewählten Anwendung gehörende Prozess bereits ausgewählt ist.

3 Klicken Sie erneut mit der rechten Maustaste darauf und wählen Sie im Kontextmenü *Warteschlange analysieren*.

4 Der daraufhin folgende Dialog verrät Ihnen, ob und worauf der Prozess wartet. Das kann einfach ein anderer Prozess sein oder aber auch eine ganze Kaskade von untereinander abhängigen Prozessen. Ist die Liste leer, läuft der Prozess aber ganz normal bzw. ist im Zweifelsfall für alle „Hänger" selbst verantwortlich.

Welche Apps benötigen Sie wirklich?

Wenn man regelmäßig im App-Store stöbert, sammeln sich erfahrungsgemäß im Laufe der Zeit immer mehr Apps an. Längst nicht alle davon benutzt man tatsächlich auf Dauer regelmäßig. Der Task-Manager hilft Ihnen dabei, hin und wieder aufzuräumen. Er sammelt Daten über alle installierten Touch-Apps (nicht die Desktop-Anwendungen!) und verrät Ihnen, wie häufig Sie welche App nutzen oder eben nicht nutzen. Auch welche Apps besonders viele Daten herunter- oder hochladen, können Sie so ganz einfach feststellen. Öffnen Sie dazu die Kategorie *App-Verlauf* im Task-Manager. Sie zeigt Ihnen für alle vorhandenen Touch-Apps an, wie viel Rechenzeit, Arbeitsspeicher und Netzwerkkapazität sie verbrauchen.

Up- und Downloads kontrollieren

Klicken Sie mit der rechten Maustaste auf die Überschriftenleiste der App-Tabelle. Im Kontextmenü können Sie dann zusätzlich die Spalten *Downloads* und *Uploads* einfügen, die Ihnen verraten, wie viele Daten welche App übertragen hat.

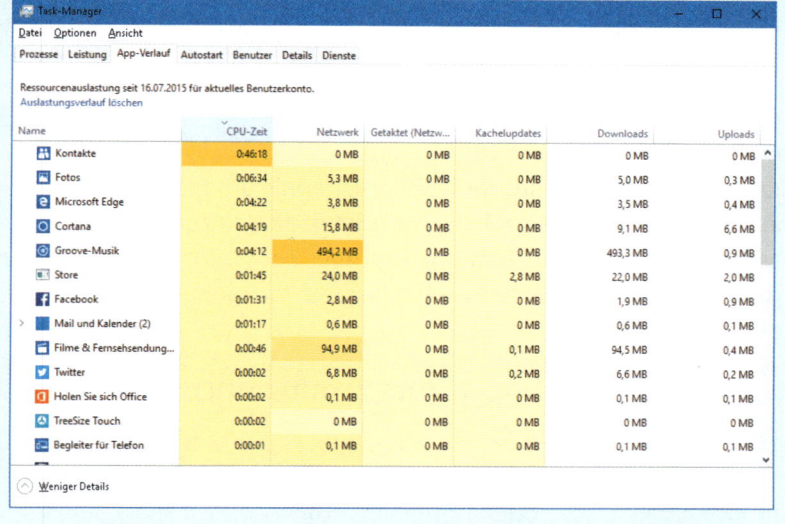

Das Startverhalten analysieren und optimieren

Wie bei jeder neuen Windows-Version hat Microsoft auch diesmal wieder das Startverhalten optimiert, sodass Ihr System Ihnen nach einem Neustart möglichst schnell zur Verfügung steht. Bei einem neu installierten Windows klappt das erfahrungsgemäß auch, nur im Laufe der Zeit werden meist nach und nach zusätzliche Software und Treiber installiert, die den Start zunehmend verzögern. Der Task-Manager ermöglicht es Ihnen, den Autostart von Programmen gezielt zu überwachen und so die wesentlichen Bremsen für eine kurze Startzeit zu ermitteln.

1 Öffnen Sie dazu im Task-Manager die Kategorie *Autostart*. Hier werden alle Programme aufgelistet, die während des Windows-Starts automatisch aktiviert werden.

2 Besonders interessant dabei ist die Spalte *Startauswirkungen*. Hier nimmt Windows eine Schätzung vor, wie stark sich das jeweilige Programm auf das Startverhalten auswirkt. Besonders bei Programmen mit dem Vermerk *Hoch* lohnt es sich zu überlegen, ob diese wirklich jedes Mal aktiviert werden müssen.

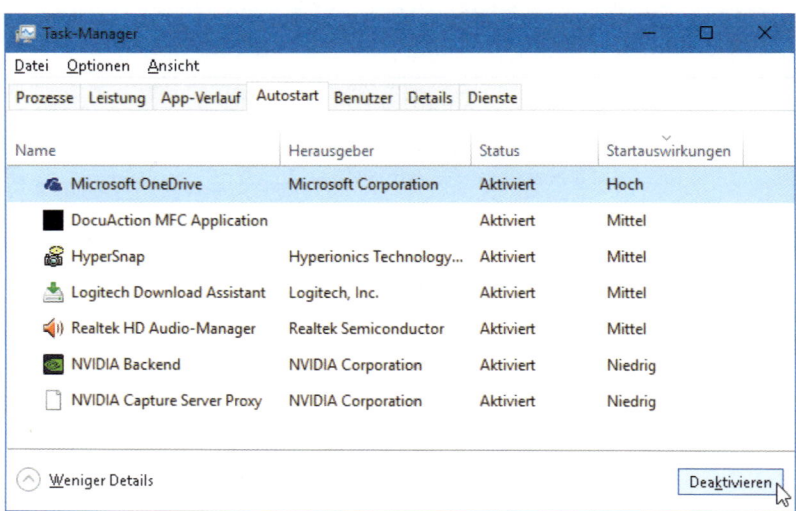

3 Um die Autostartfunktion eines Programms vorübergehend zu deaktivieren, wählen Sie es in der Liste aus und klicken unten rechts auf *Deaktivieren*.

4 Wenn Sie mit der rechten Maustaste auf einen Eintrag klicken, finden Sie weitere Funktionen, etwa die Eigenschaften der Datei aufzurufen oder den Hintergrund dieses Programms im Web zu recherchieren.

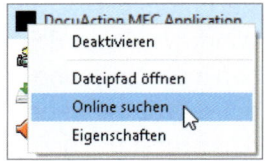

Auffrischen – Frischzellenkur für zickige PCs

Wenn der PC lahmt oder immer wieder Zicken macht, dürfte die Auffrischen-Funktion interessant werden. Sie installiert Windows im Prinzip einmal neu, bewahrt dabei aber die Benutzerdaten (siehe Tipp).

Auffrischen – was bleibt erhalten, was geht verloren?

Das Auffrischen bewahrt grundsätzlich nur die Dateien des Benutzers. Sämtliche installierten Anwendungen einschließlich Apps aus dem Windows Store werden entfernt. Alle Optionen werden auf die Standardeinstellungen zurückgesetzt. Insbesondere Desktop-Anwendungen müssen also anschließend neu installiert werden. Apps aus dem Store hingegen sind schnell wieder heruntergeladen.

Wenn Sie ein Auffrischen durchführen, halten Sie – falls vorhanden – den Installationsdatenträger bereit, da dieser gegebenenfalls benötigt wird.

1 Um ein Auffrischen durchzuführen, öffnen Sie in den *Einstellungen* den Bereich *Update und Sicherheit/Wiederherstellung*. Klicken Sie dort bei *Diesen PC zurücksetzen* auf *Los geht's*.

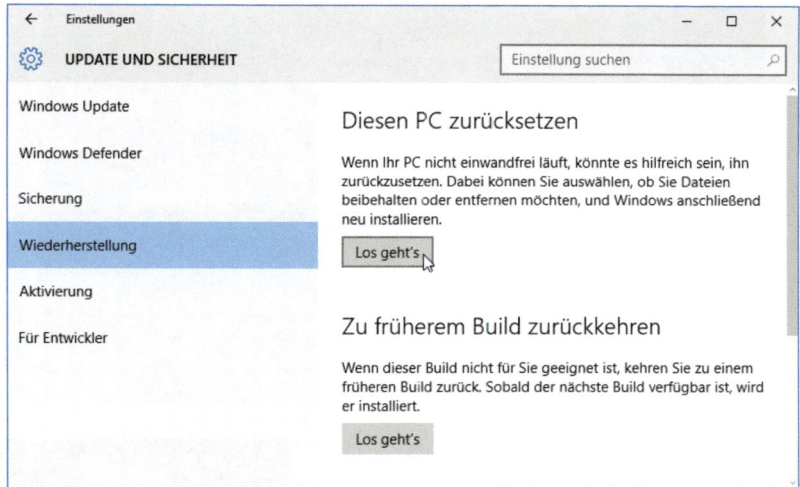

2 Wählen Sie nun die obere Option *Eigene Dateien beibehalten*, damit Ihre persönlichen Daten das Auffrischen überleben.

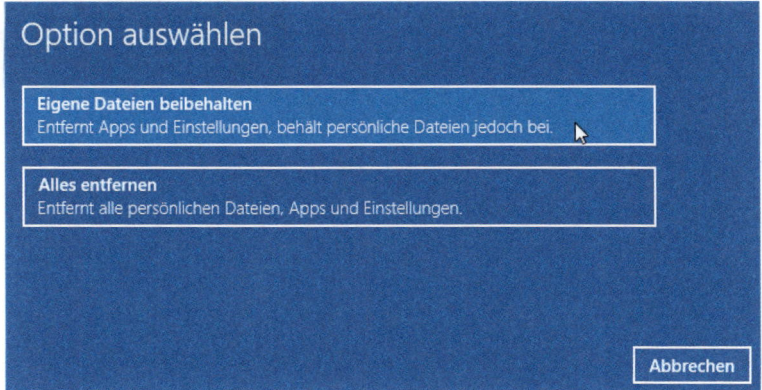

3 Der Auffrisch-Assistent informiert Sie noch mal kurz über die Details. Starten Sie den Vorgang dann mit *Zurücksetzen*.

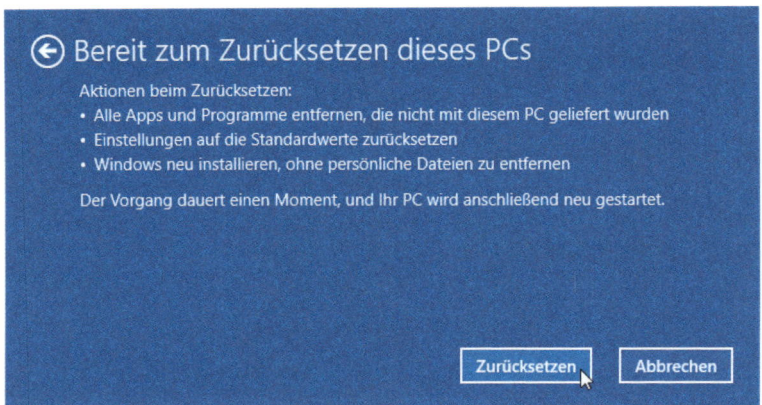

4 Windows startet dann neu und führt das Auffrischen der Installation durch. Dies sollte üblicherweise nur einige wenige Minuten Zeit in Anspruch nehmen. Neustarts sind in der Phase nichts Beunruhigendes. Überlassen Sie den PC einfach sich selbst.

5 Nach dem letzten Neustart wird der PC im nun aufgefrischten Zustand gestartet und grundeingestellt.

Anschließend steht Ihnen das zurückgesetzte Windows zur Verfügung. In den Bibliotheken finden Sie Ihre Dokumente und Dateien genau wie vor dem Auffrischen wieder.

Energie sparen auch bei optimaler Leistung

PCs gehören mit zu den größten Stromfressern, insbesondere wenn sie täglich viele Stunden oder gar rund um die Uhr laufen. Deshalb sind energiesparende Einstellungen nicht nur für Notebooks bzw. Tablet-PCs interessant. Auch bei klassischen PCs können sich sparsame Einstellungen bezahlt machen.

1 Diese grundlegende Entscheidung können Sie ganz ohne Energiesparpläne in den Einstellungen im Bereich *System/Netzbetrieb und Energiesparen* treffen.

2 Hier legen Sie rechts oben fest, nach wie vielen Minuten der Bildschirm abgeschaltet werden soll. Bei einem klassischen PC ohne Akku steht hier nur die Variante *Im Netzbetrieb*... zur Auswahl. Bei Mobilgeräten sehen diese Einstellungen etwas anders aus.

3 Darunter können Sie zusätzlich eine Zeitspanne einstellen, nach der ein Wechsel in den Stand-by-Modus erfolgen soll.

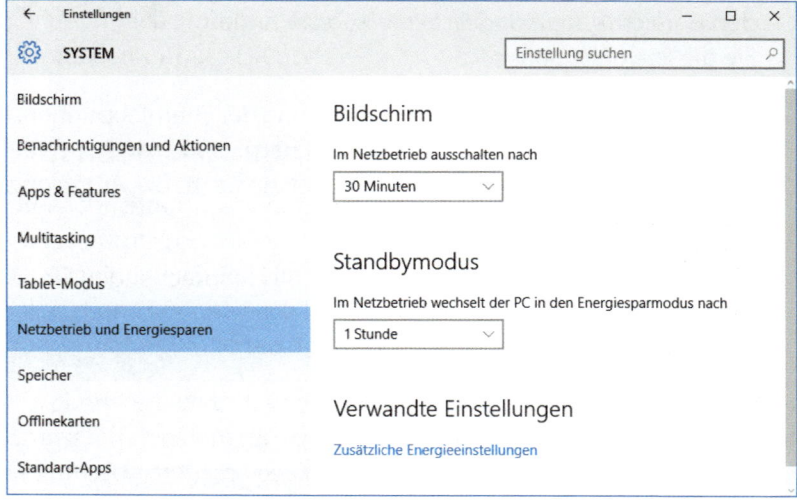

In den Standardeinstellungen schaltet sich der Monitor nach 30 Minuten aus, der PC wechselt aber nie in den Stand-by-Modus. Wenn es Ihnen schon mal passiert, dass Sie bei der Arbeit am PC unterbrochen werden und dann nicht mehr daran denken, den Rechner auszuschalten, kann es aber sinnvoll sein, auch für den Stand-by-Modus beispielsweise 1 Stunde als Frist festzulegen.

Mit Energiesparplänen variabel Strom sparen

Durch Energiesparpläne erlangen Sie etwas flexibleren Einfluss auf das Verhalten Ihres PCs. Zum einen lassen sich in solchen Plänen viel detailliertere Optionen festlegen. Zum anderen können Sie mehrere Energiesparpläne erstellen und jederzeit zwischen diesen hin- und herwechseln – ganz nach Bedarf. Falls das zu kompliziert klingen sollte, kein Grund zur Sorge. Sie haben auch hier die Auswahl, ob Sie mit wenigen Einstellungen nur eine grobe Richtlinie vorgeben oder alle Details der Energieeinstellungen selbst festlegen möchten.

1 Öffnen Sie in der klassischen Systemsteuerung den Bereich *System und Sicherheit*. Darin finden Sie die *Energieoptionen*.

2 Damit gelangen Sie direkt in die Verwaltung der Energieoptionen. Hier können Sie einen der vorgefertigten Energiesparpläne auswählen. Für ein normales Desktopsystem eignet sich z. B. die *Ausbalanciert*-Konfiguration.

3 Aktivieren Sie zum Auswählen einfach den entsprechenden Eintrag in der Liste.

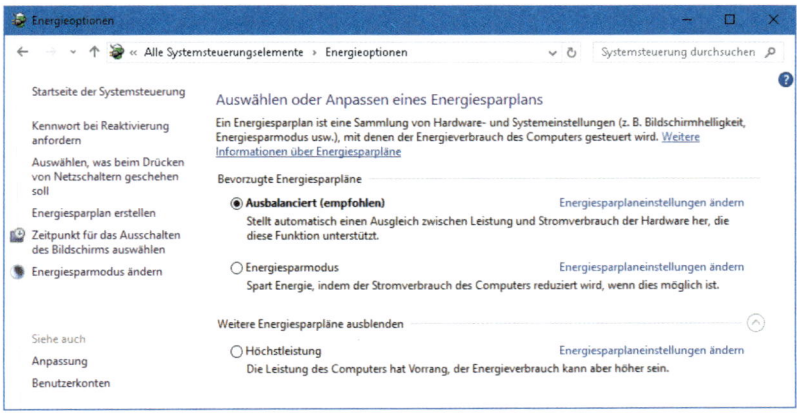

4 Wollen Sie sich über die genauen Auswirkungen eines Energiespar-plans informieren, klicken Sie neben seinem Namen auf *Energie-sparplaneinstellungen ändern*.

5 Sie sehen dann zunächst die beiden wesentlichen Einstellungen, näm-lich ob und nach welcher Zeit Windows den Bildschirm ausschaltet und wann der PC in den Energiesparmodus geschickt wird.

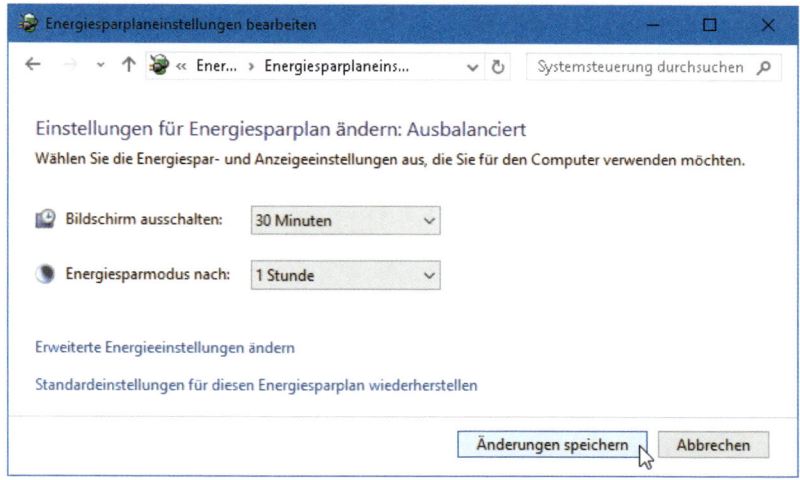

Welches ist der richtige Energiesparplan?

Der Energiesparplan *Ausbalanciert* ist standardmäßig aktiv und dürfte für die meisten Benutzer auch die sinnvollste Wahl sein. Verwenden Sie ein Notebook oder lassen Sie Ihren PC immer wieder für längere Zeit ungenutzt, während er eingeschaltet ist, können Sie mit *Energie-sparmodus* mehr Strom sparen. Sind Sie jederzeit auf maximale Leis-tung angewiesen, wählen Sie *Höchstleistung*. Dann werden praktisch alle Stromsparfunktionen deaktiviert.

6 Wollen Sie es noch genauer wissen, klicken Sie in diesem Dialog unten auf *Erweiterte Energieeinstellungen ändern*.

7 Im anschließenden Menü sehen Sie eine detaillierte Aufstellung der Optionen für diesen Energiesparplan.

8 Die Einstellungen der einzelnen Pläne können Sie in diesen Dialogen nicht nur betrachten, sondern auch ändern. Um das jedoch nicht zu tun, klicken Sie einfach jeweils unten auf *Abbrechen*. Sie gelangen dann zurück in die Grundeinstellungen der Energieoptionen.

Im Stromsparmodus den Akku schonen

Um die Laufzeit von Mobilgeräten bei Bedarf möglichst weit verlängern zu können, bringt Windows den Stromsparmodus mit. Der verringert den Verbrauch weitestmöglich, lässt sich aber gleichzeitig so einstellen, dass Ihnen wichtige Dienste oder Anwendungen dadurch nicht eingeschränkt werden. Sie können diesen Modus entweder bei Bedarf manuell einschalten oder automatisch bei Unterschreiten einer bestimmten Grenze aktivieren lassen.

1 Um den Stromsparmodus zu konfigurieren, öffnen Sie in den Einstellungen den Bereich *System/Stromsparmodus*.

2 Benutzen Sie dort ganz unten den Link *Einstellungen für Stromsparmodus*.

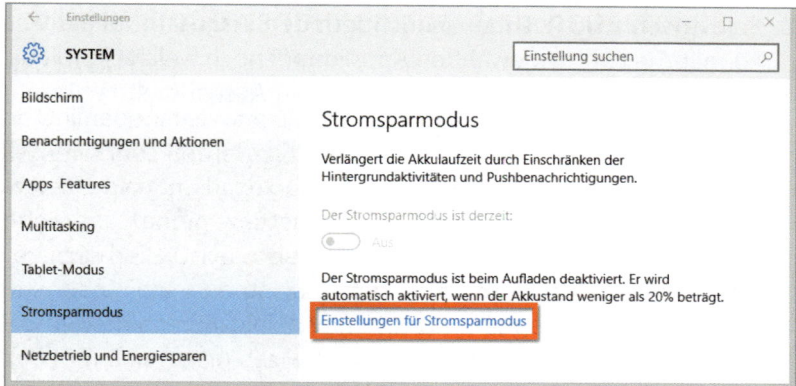

3 Im folgenden Menü können Sie oben das automatische Aktivieren des Stromsparmodus einstellen und einen Schwellenwert für die Restladung des Akkus wählen, ab dem der Modus verwendet werden soll.

4 Darunter steuern Sie, ob Sie trotz Stromsparmaßnahmen Pushbenachrichtigungen zulassen oder die Bildschirmhelligkeit unverändert lassen möchten. Beides sind Maßnahmen, die den Stromverbrauch senken, aber auch die Funktionalität bzw. den Komfort spürbar einschränken. Entscheiden Sie also selbst, was Ihnen wichtiger ist.

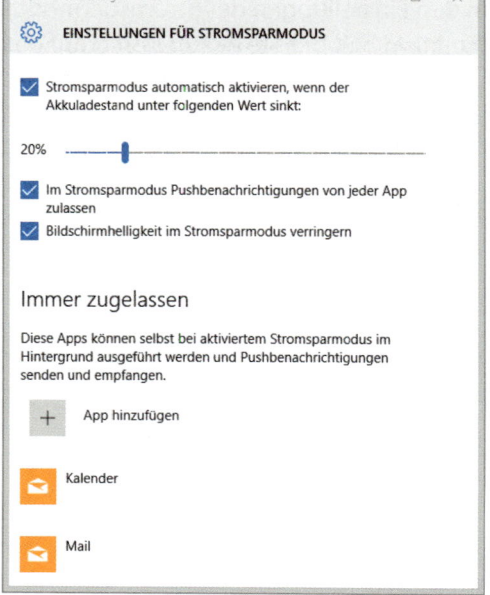

5 Selbst wenn Sie Pushbenachrichtigungen insgesamt deaktivieren, können Sie von ausgewählten Apps immer noch welche empfangen. Dazu fügen Sie diese Apps ganz unten der Ausnahmeliste hinzu.

Selbst wenn Sie den Strom- sparmodus nicht automatisch aktivieren lassen, können Sie ihn jederzeit manuell einschal- ten, etwa wenn Sie befürchten, dass die Restlaufzeit nicht bis zur nächsten Lademöglichkeit reichen wird.

Die größten Stromfresser entlarven

In den Einstellungen des Stromsparmodus versteckt sich eine praktische Funktion, mit der Sie Akkufressern auf die Spur kommen können.

1 Klicken Sie dazu unterhalb der Übersicht auf *Akkunutzung*.

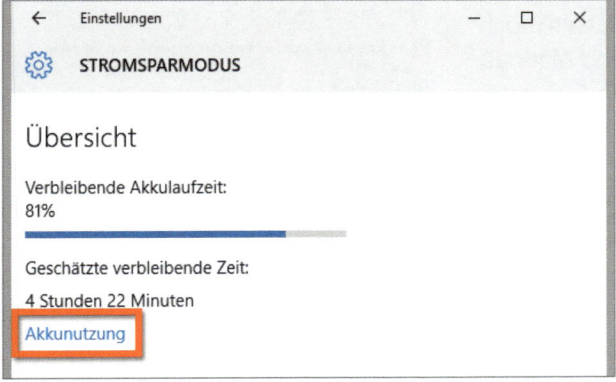

2 Windows erstellt daraufhin eine Statistik des Stromverbrauchs für einen wählbaren Zeitraum. Hier können Sie oben ersehen, welchen Anteil daran System, Anzeige und WLAN hatten. Man kann dadurch gut erkennen, dass der Bildschirm der mit Abstand größte Verbraucher eines typischen Mobilgerätes ist.

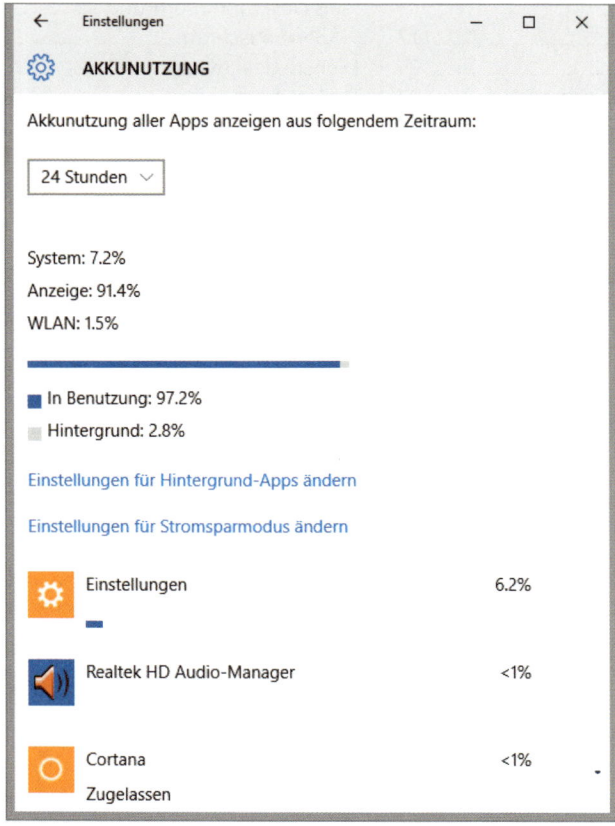

3 Interessanter ist darunter die Liste der Apps und deren Anteil am Stromverbrauch.

SMART
SECURITY

*Mehrfach ausgezeichnete
Technologie. Schnell. Präzise.*

90 Tage kostenlos
und unverbindlich testen!

- ✔ Antivirus
- ✔ Anti-Phishing
- ✔ Personal Firewall
- ✔ Antispam
- ✔ Kindersicherung

Ihr Aktivierungscode:

DEAS-W336-679P-P8KN-RU4B

Hier downloaden: www.ESET.de/WIN-10-SEHEN

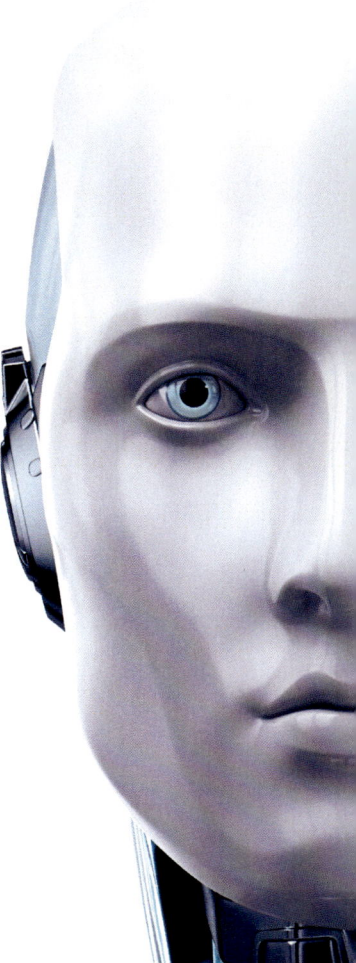